子どもの視野が驚くほど広がる!

3歳から始める
欧米式
お金の英才教育

Investing in knowledge produces the best interests.

川口幸子
Yukiko Kawaguchi

はじめに

みなさんは、自分のお子さんにどんな人生を送ってほしいでしょうか。

大半の方はきっと「幸せになってほしい」、そう願っていると思います。

そのために今、もっとも必要な教育。それは「お金の教育」であると私は断言します。子どもたちにとって、お金の教育は「自由」と「安心」、そして「幸せ」への切符となるものです。


私は3歳から9歳まで、資産家の祖父母や叔母のもとで育ちました。その中で、アメリカのニューヨークやサンディエゴ、イギリスのロンドンなど海外との行き来も経験し、欧米の富裕層やお金持ちのユダヤ人からたくさんのことを学びました。

おこづかいのあげ方の違いに関してはこの本の中に書きましたが、私自身は小学2年生のころ、祖母から当時では驚くほどの大金を渡された経験があります。そして、「母親のもとに戻った後で困らないよう、考えて使いなさい。万が一おこづかいがもらえない場合でも、そのお金で高校生になるまでもたせるように」と言われ、銀行に貯めておいたこのお金を〝働かせる〟ことも経験しています。

お金の教育がなかったら、すべてを親に預けていたか、もしくはほしいものに使ってしまい、すぐになくなっていたと思います。

このような経験から感じた日本と欧米の一番の違い、それは「お金」に対する向き合い方にほかなりません。

日本では昔から、お金の話をすると「下品！」『はしたない‼』と言われてしまう風潮があり、それはいまだに根強く残っています。ご家庭内でお金の教育をおこなうことはおろか、子どもにお金の話をすることすらタブー……。

しかし一方で、金融コンサルタントとなり、多くの方々のお金の相談に向き合い、その人生や資産形成を見てきて思うのが、〝幸せ感〟が高い人の約9割が、お金の不安がない方であるということです。

誤解のないように補足しますが、「お金の不安がない＝お金持ち、資産家」という意味ではありません。ここでいう「お金の不安がない人」とは、お金にコントロールされるのではなく、コントロールができる人のことを指しています。

私のところに舞い込むさまざまなお金の相談。そこでは、実にさまざまな〝天国から地獄〟のドラマを垣間見てきました。

お金に不自由なく育ったものの、両親が離婚したのをきっかけに一人暮らしをスタートした女性。しかし、生活費や貯蓄などをあまり考えることなくすごしていたところ、クレジットカードの乱用、さらにキャッシングを繰り返してしまっただけでなく、頼りにしていた男性にだまされて破産寸前に。ご両親に救いを求めるも、彼らが経営する会社が傾いており頼ることもできず、途方に暮れていました。

また、ある女優さんは、成功している経営者と結婚したものの、経営難とM＆Aの難航からご主人が破産の道を選択。その後、他界してしまい、借入金の連帯保証人である彼女は自宅を失い、貯金も底をつき、表情も暗くなってしまい、かつての輝きを失ってしまいました。

これらは極端な例ですが、将来のお金について不安を抱えている方は実際に山ほどいます。そして、不安でいっぱいの人がよく口にするのが「お金の教育をされてこなかった」「小さいころ、お金の教育を受けていたら悩まなかった」という言葉です。

私の幼少期、すでに欧米には、お金の専門家にアドバイスをもらっている人を多く見かけました。しかし、日本には銀行員や証券マンはいますが、彼らは決してお金の専門家ではありませんし、担当も変わるため、長期的な資産形成の相談はなかなかできません。日本にはお金の専門家がいない！　その思いから、私はファイナンシャル・プランナーの資格を取得して、お金の専門家を目指しました。

時代は90年代後半、アメリカでは、スタンフォード大学でラリー・ペイジ、セルゲイ・ブリンがコンピューターサイエンスに没頭し、ウェブページのインバウンドリンクに取り組んで「Google」をスタートさせたころでした。

そんなラリー・ペイジはユダヤ人ですが、同じユダヤ系で親しかったおじ様から聞いた、こんな言葉が強く印象に残っています。

「欧米の富裕層や知恵のあるユダヤ人が将来世界を牛耳ることになる」

「お金の知恵は生きる知恵でもあるんだよ」

ラリー・ペイジは現在、経済誌『フォーブス』の世界長者番付で12位。純資産は445億ドル（約4兆8900億円）に上ります。そのほかにも、時価総額の高い株価のほとんどがその人たち（windows、Apple、Amazon、Facebook、starbucksなど）の会社になり、そのときの言葉の意味の深さをあらためて感じます。

また、いつも笑顔でいろいろな絵本を読み聞かせしてくれた祖父からは、こんな言葉も教えられました。

「財産は奪われることがあっても知恵は奪われない」

私が大切だと考える「お金の教育」は、なにも「お金を儲けよう！」という意味ではありません。「お金に振り回されない生き方」ができると、ムダな心配や苦労がなくなり、自由な時間が確保でき、遊びであれ仕事であれ、好きなことに全力投球ができます。

また、このお金の教育は、単に「お金の仕組みや投資教育、資産形成などを教えること」ではなく、働き方や、他人とのコミュニケーションについても多くの学びを与えてくれます。

この本は、そんな誰にも奪われない大切な「知恵」を、日本の子どもたちに伝えていくために執筆しました。

本書に興味を持ってくださった方々に、私は何度でも問いかけたいと思っています。

みなさんは、お子さんにお金の話をしていますか？

子どもの視野が驚くほど広がる!
3歳から始める欧米式お金の英才教育

目次

第2章 お金の基礎知識

序章

あなたの家庭は何問あてはまる?

お金教育の現在地チェック

本書をお読みいただくにあたり、まずはみなさんのご家庭でのお金教育の現状を確認してみましょう。

次の質問にお答えください。

問題

①子どものおこづかいをどのように決めていますか？

A……年齢に合わせて自動的に金額を増やしている。
B……子どもと交渉して決めている。

②おこづかいをどのように与えていますか?

A……時期を決めずに話をしながら渡している。

B……決まった日付に渡している。

③おこづかいの使い方はどのようにさせていますか?

A……自主性に任せて好きに使わせている。

B……計画を立てて使うように教えている。

④子どもは貯金箱をどのように使っていますか？

A……とりあえず余ったお金を貯めている。

B……あらかじめ貯める目的を決めて使っている。

⑤子どもには何歳からおつかいをさせますか？

A……小学生になってから1人で行かせる。

B……小学校に上がる前から大人が見守りつつ行かせる。

⑥カッコ内に入る言葉を選んでください。

勉強やスポーツなど、子どもの目標はすべて（　1　）に、（　2　）。

A……1　決めすぎず　2　本人任せにする

B……1　具体的　2　見える化する

⑦カッコ内に入る言葉を選んでください。

お金の話は（　　）を話してあげる。

A……エピソード

B……結　果

⑧子ども名義の銀行口座について、どう考えていますか？

A……口座を作るのは小学校高学年以上から。

B……6歳くらいまでには作っておく。

⑨子どもとお金の話をしていますか？

A……分別がつく年になってからきちんと話をするつもり。

B……幼い時期から遠慮せずに話をするようにしている。

解説

①子どものおこづかいをどのように決めていますか?

A……年齢に合わせて自動的に金額を増やしている。
B……子どもと交渉して決めている。

※正解：B

「○年生だからいくらを渡す」というあげ方だと、お子さんは年齢が上がればお金も多くもらえると勘違いしてしまいます。アメリカでは古くから成果主義が根づいていて、お父さんの給与額にも保障はありません。これまで、日本では大手企業であれば出世に応じて年収も増えていくのがあたり前でしたが、近年は欧米を見習いつつ、日本企業も成果主義、非雇用制度の方向に動いています。家庭の中で、年齢に合わせて交渉もせずにお小遣いを増額するというのは、子どもにとっても「お金」の大切さを認識できなくなるというデメリットを抱えています。お小遣いの額はもちろん、渡すかどうかも、しっかりお子さんと話し合って決めることが大切です。

②おこづかいをどのように与えていますか？

A……時期を決めずに話をしながら渡している。

B……決まった日付に渡している。

※正解：A

①の中でもご説明したとおり、「おこづかいはいくら必要」で「その理由は○○だから」と、お子さんと話し合いましょう。「だからこの額のおこづかいをこの日までにください」という点が明確になるよう、しっかりとコミュニケーションをとっていくことが重要です。

③おこづかいの使い方はどのようにさせていますか？

A……自主性に任せて好きに使わせている。
B……計画を立てて使うように教えている。

※正解：B

初めからお金の使い方を知っている子どもはいません。ちゃんと教えてあげないと、そのときほしいものに全額をつぎ込んでしまうということもあるでしょう。まず目的を設定し、そこにたどり着くための計画の立て方を知れば、「足りないからもう少し我慢しよう！」「あと何回おこづかいをもらえれば買える！」というように、おこづかいを具体的な数字として見る習慣が身についていきます。

また、日本には、「お年玉」という独特の風習もあります。このお金の管理はどのようにされていますか？　最近のデータでは、小学校の高学年まではお母さんがなさっている家庭が多いようです。これについても、いただいたものを機械的に貯めていくのではなく、お子さんときちんと話し合い、目的を定めて計画を立てていきましょう。しっかりと金額と向き合うことで、感謝の気持ちもおのずと持てるようになります。

④子どもは貯金箱をどのように使っていますか？

A……とりあえず余ったお金を貯めている。
B……あらかじめ貯める目的を決めて使っている。

※正解：B

欧米各国を行き来していた子ども時代、私は常にふたつの貯金箱を持っていました。そして、ひとつは「誰かのために」、もうひとつは「自分の短期間の目的のために」というかたちで使い分けをしていました。

欧米諸国では「ボランティア」をすることがあたり前の環境だったこともあり、地域の一員として、親のいない子どもたちのため、施設にいる人たちのため、医療のためなど、必要なときに募金をしようと、貯金箱にコインを入れていました。これによって「小さくても立派な社会の一員なんだ」という自覚や、助けを求める人には手を差し伸べなければならないという責任感も芽生えます。

また、もうひとつの貯金箱は、どうしても必要だと感じた文具品の購入などに使っていました。自分でお金を貯めて買ったものですから、長く大切に使ったのを覚えています。

⑤子どもには何歳からおつかいをさせますか？

A……小学生になってから1人で行かせる。
B……小学校に上がる前から大人が見守りつつ行かせる。

※正解：B

幼稚園児から小学校へ進学するころは、自立心も芽生え始める時期です。小学生になってからは、1人でおつかいに行かせてもよいでしょう。もしかしたら、パパやママが頼む前に、自分から勝手に行きたがるかもしれません。

私自身は小学1年生のとき（ちょうど日本にいた時期でした）、15分ほど離れた友だちの家まで1人で歩いて行ったり、あるときは友だちと片道で1時間以上かかる鎌倉まで電車で行って大騒動になったことがありました。

携帯電話やコンビニエンスストアもない時代です。帰ってきたころには、街はすでに暗くなっていて、警察が自宅前に待機していました。それでも当時の私は、「怖い」というより「好奇心」が先にあったのだから、困ったものですよね（苦笑）。

私の場合はこれくらいですみましたが、おつかいの経験がまったくない状態で、いきなり子ども1人でおつかいに行くのはかなり勇気がいることですし、何よりパパ・ママだって気が気じゃないことでしょう。

もちろん、危険とも隣り合わせです。いくら日本は治安がよいとはいえ、なんらかの事件に巻き込まれる可能性もゼロとは言えません。

だからこそ、小学校入学前から、積極的におつかいの経験をさせていくことをオススメします。大人が少し距離を置きながら見守りつつ、行く先も家から目と鼻の先の距離で構いません。

おつかいは、お金の価値や使い方を体で知る貴重な体験であるだけでなく、家の外へ出て、1人で社会とつながる第一歩になります。「勇気」や「挑戦」することも学べるので、教育の一環としても有益です。

⑥カッコ内に入る言葉を選んでください。

勉強やスポーツなど、子どもの目標はすべて（　1　）に、（　2　）。

A……1　決めすぎず　2　本人任せにする

B……1　具体的　2　見える化する

※正解：B

「たぶん」「思う」「なんとなく」という言葉はNGです。

どのような目標でも、具体的に「いつまでに」「何を」「どうするのか」を決めましょう。勉強を例にあげるとすれば、大ざっぱに「成績を上げる」ではダメ。「3カ月後に算数の試験で100点を取る」というような明確なゴール設定が必要です。そのためには、〝努力すれば達成できる目標〟を、お子さんと一緒に考えてみましょう。

期間については、それが勉強に関することであれば、集中力が落ちないよう3カ月後や半年後など、比較的短めに設定するのがオススメです。一方、お金についての目標であれば、短期と中・長期で目的を明確に分けるのがポイントになります。

⑦カッコ内に入る言葉を選んでください。

お金の話は（　　　）を話してあげる。

A……エピソード

B……結　果

※正解：A

パパやママは愛情を込めて「こーしなさい」「あーしなさい」と言ったのに、子どもには「また小言だよ」「今やろうと思ってたのに」「うるさいなぁ」なんて思われてしまうことがありますよね？

一方、欧米で富裕層になった家族のパパ・ママたちは、具体的な過程の説明が本当に上手です。子どもが好意を持っている身近な大人や、憧れの偉人、英雄などを例えに出しながら、「彼は陰でこんな努力をして、大人をあっといわせる名人だったのよ」と笑顔で教えてあげるんです。怒られてしぶしぶ机に向かうより、子ども自身が「ぼく（わたし）もがんばろうかな！」と思う方が勉強の効率もグッと上がるはずです。

⑧子ども名義の銀行口座について、どう考えていますか？

A……口座を作るのは小学校高学年以上から。
B……6歳くらいまでには作っておく。

※正解：B

ぜひ、早いうちからお子さん自身の口座を作ってあげてください。特に、通帳を持たせてあげることをオススメします。

現在はネット銀行やキャッシュレスが主流になりつつありますが、通帳のページをめくりながら過去を振り返ったり、今いくらくらい貯まっているのかを確認することで、お金を持っている実感が湧いてきます。私自身、通帳の表紙に自分の名前が印字されているのを見るだけで、お金に対して前向きになれました。毎月コツコツお金が貯まっていくことや、利子がいくらついたのかが見えるのは、うれしいことだったと今でも記憶に残っています。

⑨子どもとお金の話をしていますか？

A……分別がつく年になってからきちんと話をするつもり。

B……幼い時期から遠慮せずに話をするようにしている。

※正解：B

なにかを買ったり、病院で治療を受けたり、誰かのお祝いをしたり……。何をするにも「お金」が必要です。子どもたちもそんな親の姿を見て、物心がついたころから自然とこの社会のシステムを認識していきます。そして、3歳ごろから始まる「なぜなぜ期」に、さまざまな「なぜ？」「どうして？」の中でお金にまつわる質問をしてくることがあります。そのタイミングを逃してはいけません。純粋で好奇心旺盛なこの時期の子どもは、吸収力も抜群！　ぜひ、ゆっくりとわかりやすくお金の価値やその仕組みについて、説明してあげてください。そのためにも、しっかりと本書でパパ・ママやご家族の方が予習をしていきましょう。

第1章

日本はこんなに遅れている!!

欧米式
お金教育の現状

日本と世界の「お金教育」の違い

イギリスでは、小学校3年生からさまざまな金融知識を学びます。到達目標とする知識は、金融能力、金融実行力、金融に関する責任能力。さらに、お金の管理、予算計画の立て方、リスクとリターン、クレジットカードの仕組みなど、多岐にわたっています。

日本では、「20歳では、まだ老後のことはピンとこないね」「30歳なんてまだまだ若いから、老後の話をするのは早すぎるかしら」という空気感が支配的ですが、イギリスでは小学3年生の授業で、すでに「住宅ローン」や「老後資金」について学びます。学ぶことで準備をしたり、予防策を講じたり、さらには親子でお金の話をオープンにできるのです。家族で将来設計を一緒に考えることができるのは大きなメリットでしょう。

アメリカでは、週によって違いはありますが、預金、信用能力、貯蓄と投資をとことん勉強できる環境があります。ウィスコンシン州（Oconomowoc High Schoolなど）では、パーソナルファイナンスの授業が高校の必須授業に定められており、借家・借地契約書の読み方、投資や学生ローンの返済方法などについて学習します。ゲーム方式で学ぶこともできたりと、積極的に楽しみながら金融知識を身につけられる環境があるのです。

一方、2014年4月に日本証券業協会が金融経済について実施した調査では、日本国内で「経済の基本的な仕組み」を取り上げている中学校、高校は半数を超えてきましたが、「クレジットカード、ローン、証券、保険の動きや内容」については3割にすぎないという結果が出ています。

日本には、「死」を先のことと考える傾向がありますが、いつ〝それ〟が来るかはわからないものです。大病を患うかもしれませんし、新型コロナウイルスのような目に見えない凶悪ななにかが家族の誰かに襲いかかるかもしれません。だからこそ、さまざまな〝もしも〟に備えておくためにも、若いうちからお金の教育を受けられる環境が必要です。

「金融リテラシー」より重要な「金融ケイパビリティ」

「金融リテラシー」という用語をご存じでしょうか。これは幅広い金融の〝知識〟を指した言葉です。日本でも少しずつ定着しつつありますが、欧米でこれ以上に重視されているのが「金融ケイパビリティ」、つまり金融にまつわる〝行動〟です。

OECD（経済協力開発機構）では、この金融ケイパビリティを構成する要素として、「日々の資産の管理」「ファイナンシャル・プランニング」「金融商品の適切な選択」や「金融知識の理解」をあげています。

そして、金融リテラシーで知識を持ち、さらに一歩進んで金融に関する実践をおこなうことが、この金融ケイパビリティにつながるとしています。

アメリカでは、家計管理が適切ではなかったために、リーマンショックで経済危機という大きな打撃を受けた苦い経験を踏まえ、家計の健全性を保つ意味でも金融ケイパビリティの重要性が注目されています。

またイギリスでは、金融ケイパビリティがすべての国民に必要なスキルであり、金融の意思決定が個人だけにとどまらず家族にも影響を及ぼすことから、社会的責任を負うことの自覚をもうながしているのが特徴です。

金融についての知識はもちろん重要ですが、それをいかに活用して金融行動へつなげるか？　そしてさらに、そこにどのような社会的責任がついて回るかを、子どもにもしっかりと教えていくことが大事になります。

ここまで進んでいる！ 欧米のお金教育最前線

ここではイギリスを例に、欧米におけるお金教育の内容を具体的にご紹介していきましょう。

イギリスの金融教育は、まず次の4つの柱から成り立っています。

1……お金の管理の仕方（How to manage money）
2……批判的な思考のできる消費者になる（Becoming a critical consumer）
3……リスク管理と感情（Managing risk and emotions）
4……金融が人々の生活で果たす役割（How finance plays an important part in people's lives）

そして、それらを下地に、年齢によって段階的にお金の価値や資産にまつわる知識を積み重ねていきます。

□3歳～5歳　Early Years Foundation Stage
コイン、紙幣、価格、支払、つり銭、貯金箱、財布、1～10、貯蓄、販売などを学ぶ時期。

□5歳〜7歳　Key Stage 1
銀行預払機（ATM）、こづかい、郵便局、宝くじ、ニーズ、消費など。

□7歳〜9歳　Key Stage 2
予算、安価、高価、領収書、収益、賃金、借金、チャリティ、贈与、口座、価値など。

□9歳〜11歳　Upper Key Stage 2
クレジットカード、デビットカード、ギャンブル、経費、控除、損失、リスク、リターン、保険、債務、削減、貧困、コミュニティ、国民保険（日本の健康保険制度）、広告、通貨など。

日本に当てはめると、幼稚園や保育園に通う未就学児の時期から学習がスタートし、小学校高学年では「経費」や「控除」、「保険」に「債務」という項目までふくまれているのがおわかりいただけると思います。

果たして、現在の日本でこのような教育がおこなわれているでしょうか。

私のところにお金の相談にいらっしゃるお客様からも、「子どものころに、こんなお金の教育を受けられていたらなぁ」という声をよくうかがいます。

イギリスは、欧州の中でもいち早く金融ビッグバンとして金融自由化を先導した国です。そのため、金融教育を行う土壌も十分。現在は教材の作成、教師を養成する大学の授業、そして、その詳細を全国に浸透させていく機関の充実など、残された課題を着々とこなしている印象です。

一方の日本では、やっと金融リテラシーの概念が浸透しつつありますが、獲得した知識を活用して、次のステップである「商品を適切に選択していく実践（実行）」に移り、金融ケイパビリティを身につけるところまでは至っていないように感じられます。

幼いころ、どこかのタイミングで「なぜ勉強しないといけないの?」という疑問が浮かんだ方は多いと思います。もちろん「算数」や「国語」、「社会」「理科」などの教科は大切ですし、後々にも役立つものです。

しかし、お金の知識はさらに直接的に人生に関わってきますし、おこづかいやおつかいなどを通して、小さいころから活用できる知恵でもあります。

今すぐ役立って、人生が終わるまで向き合い続けることになるお金。その知識こそ、子どもにとって大切な教育ではないでしょうか。

【イギリスの金融教育 4つの学習の詳細】

1……お金の管理の仕方（How to manage money）

①お金の認識／お金の使い方

②お金の価値と利用上の注意／お金の記録の重要性

③現金のみが支払いではないこと／簡単なお金の記録と予算

④信用と負債　公的な記録システム／簡単な家計管理　外貨通貨

2……批判的な思考のできる消費者になる（Becoming a critical consumer）

①商品の選択と支払い

②お金の使い道の選択／ニーズとウォンツを考える

③人々の消費と貯蓄／選択の影響　お金の価値

④他人やメディアの影響／お金の価値に見合った情報の活用／費用・価格・利益の違い

3……リスク管理と感情（Managing risk and emotions）

①お金を安全に保つ／お金に関わる情報
②お金をなくしたり盗られたりしたら／貯蓄とその効果
③預金口座／お金の貸し借り
④インターネット詐欺の対策／信用・債務・借入・貯蓄の違いと保険による保障

4……金融が人々の生活で果たす役割（How finance plays an important part in people's lives）
①お金をどこから得るのか
②人々の仕事と職業／チャリティの役割
③学習と仕事・将来の経済的豊かさとの関係／よりグローバルなコミュニティ

※参考文献：「海外の消費者教育 イギリス・フランス・国際機関」（公益財団法人 消費者教育支援センター2014）

イギリスのジュニアISAとは？

イギリスのジュニアISA(Individual Savings Account)は、子どもの将来のための資産形成を目的とした制度です。

それまであったチャイルド・トラスト・ファンド（CTF）に代わって導入されました。どちらも「子ども名義の投資・貯蓄制度」であり、CTFには政府からの給付金がありましたが、財政上の問題で2011年に廃止。それに代わって導入されたジュニアISAはあくまで保護者からの資金による資産形成となっています。

日本のNISAのお手本になった制度でもあるのですが、いくつかの明確な違いがあります。NISAはイギリスのISAに対して対象商品が少なく、上場株式、公募株式投資信託、上場投信（ETF）、上場不動産投信（REIT）、新株予約権付社債が対象。一方、イギリスのISAには株式型ISAと預金型ISAがあり、前者には株式、公社債、投資信託、保険などがふくまれ、後者には預金・MMFなどがふくまれます。特にイギリスでは預金型が人気ですが、残念ながら日本では預金の金利が低すぎるため、導入の意味がないと考えられています。

また、ISAは運用期限がないことも特徴のひとつ。NISAはたった5年と短期間なので、前者に比べるとどうしても損が出やすいシステムになってしまっています。

ＩＳＡの口座開設が可能なのは、18歳未満のイギリス居住者のみとなっていますが、それさえ満たせば国籍を問わないため、利用者も多数。イギリス国内では20兆円もの資金が動いていると言われています。

子や孫の将来の資産形成のために利用されるケースが中心で、株式型は配当、譲渡益、利子などが非課税。預金型も安全性の高い国債などから生じる利子が非課税となっています。

18歳になるまでは資金を引き出すことはできませんが、16歳になると、子どもが自ら運用することも可能となります。

単純な比較はできないものの、日本のＮＩＳＡよりすぐれたシステムになっていると言えるのではないでしょうか。

※参考文献：金融庁「安定的な資産形成に向けた取り組み（金融税制・金融リテラシー関連）」（英国内国歳入関税庁資料）

オンラインゲームを活用する

アメリカでは、ゲーム感覚で楽しく学ぶというのがお金教育のスタートになります。

現在は、「Practical Money Skills」というＶｉｓａ社の無料オンラインゲームなどがあり、フットボールやクイズ形式で遊びながら学習することができます。

ほかにもさまざまな企業が株式投資シミュレーションゲームを提供しており、「お金」の仕組みを覚えさせるだけではなく、「お金」に強い子どもを育てるための土台が自然とできています。その整備の行き届いた環境は、「投信の国」アメリカならではと言っていいでしょう。

そんな中で育った子どもたちと、日本の一般的な教育を受けた子どもとでは、やはり大人になったときの差は歴然です。

もしも、お子さんがゲームに夢中になっているのであれば、資産運用ゲームを教えてあげるチャンスです。資産運用という違う世界が広がるだけでなく、経済に興味を持つきっかけにもなるはずです。

オススメのゲームをいくつかあげておきますので、興味がある方はぜひお子さんと挑戦してみてください。

□財務省キッズコーナー「ファイナンスらんど」
小学生向けに、ゲーム感覚で税やお金の勉強ができるサイト。アニメーションやスゴロクなど、子どもが見やすい作りになっている。初級編としておすすめ。

□バーチャルな株式投資のゲーム『トレタビ』
現実の経済や社会の動きを肌で感じる体験型学習として、アメリカの学校教育で30年以上の実績を持つThe Stock Market Gameをモデルに開発されたゲーム。中学生および高校生を対象に提供されている。

□株式学習教材の「株式学習ゲーム」
オンライン上のバーチャルゲームというよりは、授業の題材として使われている。3〜4名のチームを組み、仮想所持金1000万円をもとに議論しながら売買のシミュレーションをおこなっていく。金融先進国のアメリカで実績のある教育用モデルを日本に導入してきたもので、提供元は東京証券業協会／東京証券取引所。

アメリカの資産増加率は日本の約2倍！

ここまでで、日本と欧米の金融教育環境には、大きな隔たりがあることがご理解いただけたと思います。

そして当然、その影響はすでに表れています。

米国投資信託協会、日本証券業協会資料をもとに確認すると、1990年、日本とアメリカの投資信託の残高は、日本が46兆円、アメリカが106兆円とその差は約60兆円でした。しかし、そこからの28年間で、アメリカ国民は金融資産を約6500兆円増やしている一方、日本国民の資産は780兆円程度しか増えていません（1ドル＝100円として計算）。

しかも、アメリカで増えた約6500兆円のうち、約8割の5200兆円は株式や投資信託などの運用資産で増えていることがわかっています。投資をしているかどうかで、アメリカ人と日本人の資産の伸びは約8倍も違ってしまっているのです。

また、日本の金融庁がホームページに公表した、日本、アメリカ、イギリスの資産形成のグラフを見ても、日本が最下位だっただけでなく、アメリカにおける資産増加率は日本の約2倍となっています。

１９９８年からの20年間、アメリカ・イギリスでは、それぞれの家計金融資産が２・７倍、２・３倍へと伸びている一方、日本は１・４倍にとどまっています。つまり、欧米に比べて、日本の人々の金融資産への考え方や姿勢は、20年前からあまり変わっていないということ。ひいては、日本の金融教育にも成長がなかったと言わざるをえません。

※参考文献：「金融庁　人生１００年時代における資産形成　２．今後の課題」

なぜ、日本と欧米でこれほどの差がついてしまったのでしょうか。その背景としては、運用リターンの違いがあげられます。

次ページの金融庁のレポートグラフを見てみましょう。

家計金融資産の構成などをほかの先進国（アメリカ・

日米英の資産形成比較

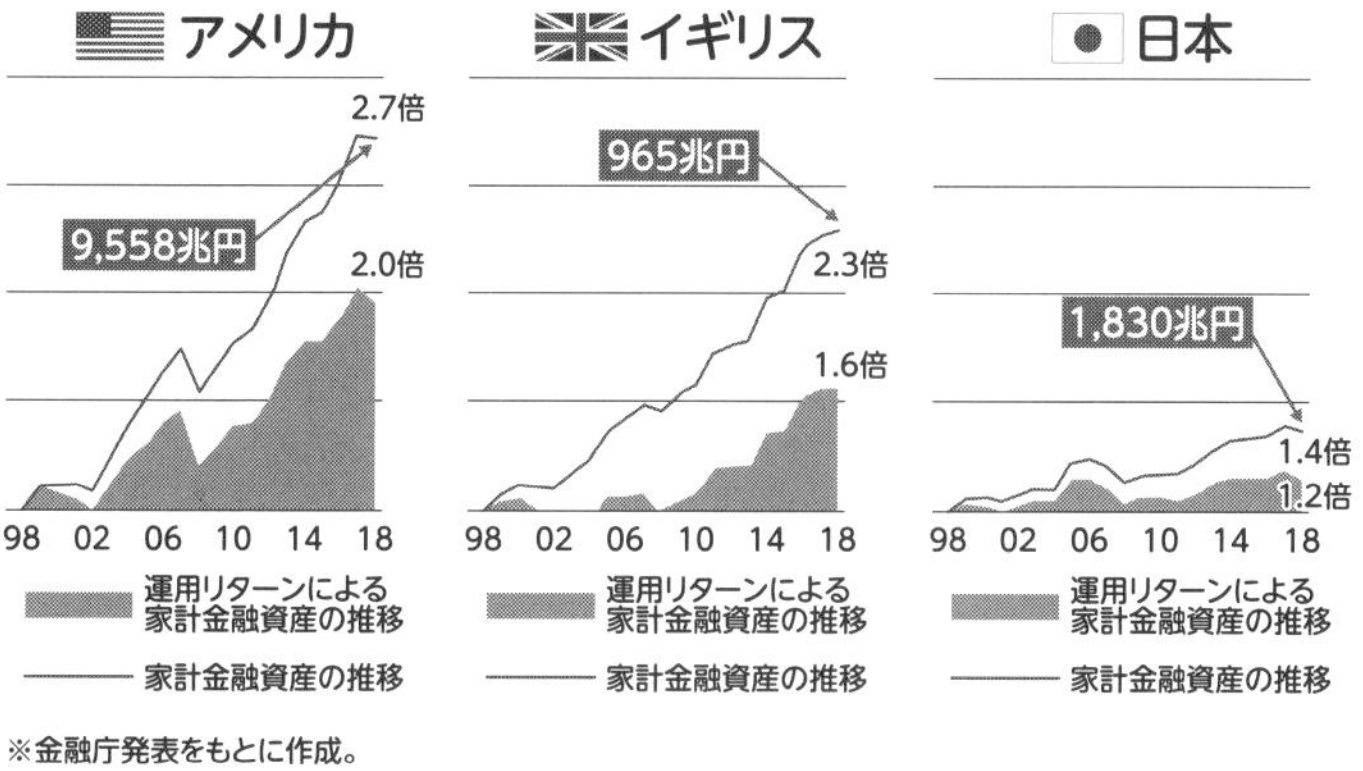

※金融庁発表をもとに作成。

ユーロエリア）と比較したグラフですが、日本は現金・預金比率が高く、株式・投信などの比率が低いといった特徴があります。

株式・投信などを直接保有している比率は、アメリカが3割を超えているのに対して、日本では1割強にとどまっています。

※参考文献：「金融庁　各国の家計金融資産構成比」

すでに多くの方がご存じだと思いますが、日本における銀行預金の金利は低く、お金を預けているだけでは資産が増えることは期待できません。金融資産を増やしていくことを考えた場合は、株式・投信などの比率を上げていく必要があるのです。

もちろん、株式・投信にはリスクもありますから、それを心配される方がいるのも仕方のないことです。しか

各国の家計金融資産構成比

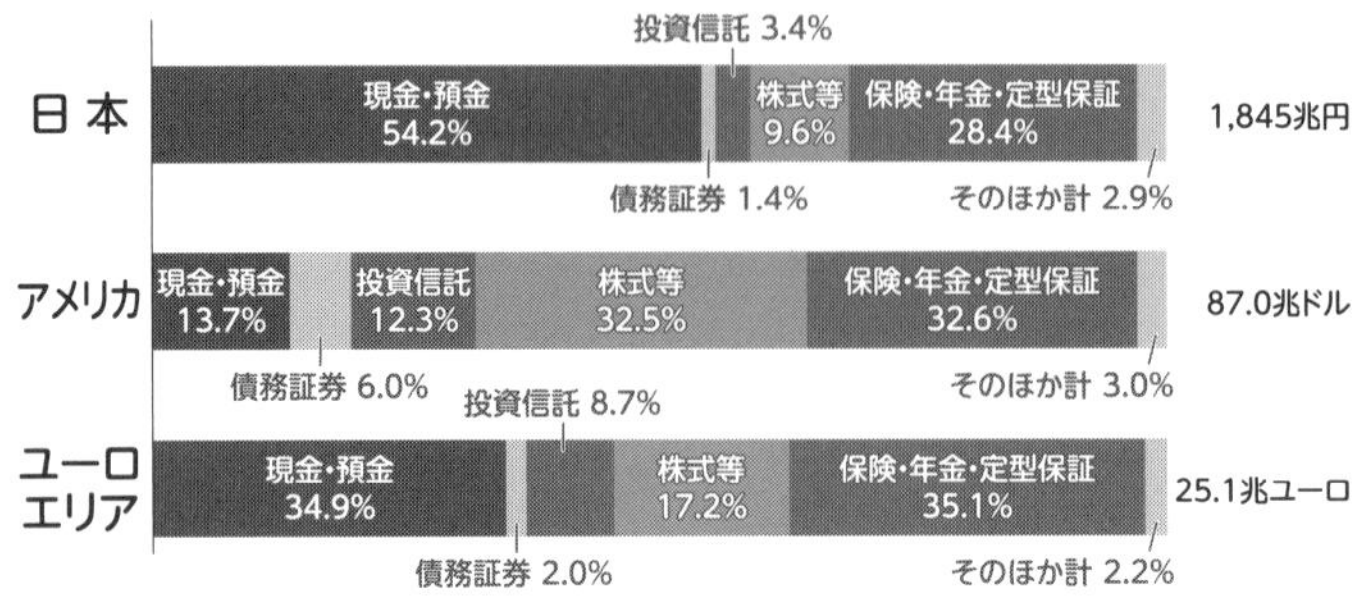

※「そのほか計」は、金融資産合計から、
「現金・預金」、「債務証券」、「投資信託」、「株式等」、「保険・年金・定型保証」を控除した残差。
※参考文献：「資金循環の日米欧比較」（2020年8月21日 日本銀行調査統計局）

し、金融庁が前記の情報と併せて発表している、下の表の試算にも目を向けるべきでしょう。

資産形成は1日にしてなるものではありません。時間がかかるものですから、なおさら若いうちから金融知識に触れ、行動を経験していくことが必要なのです。

※参考文献：「金融庁 人生100年時代における資産形成 2．今後の課題」

65歳で退職後の30年
世帯で月25万円の生活費を支出する場合の試算

退職後の支出	退職後の収入と必要な資産形成額	
○退職後の生活費 月25万円×12カ月×30年間 ＝9000万円 ○住居修繕費や医療、車の買いかえなど 500万円〜1000万円 ○介護費用 0〜1000万円 計、約1億1000万円必要。	①公的年金	＝約8000万円 月約22万円×12カ月×30年間
	②退職金、私的年金	1000万円〜2000万円
	ローン返済	▲1000万円〜0円
	③資産形成額	1500万円〜3000万円

第2章

子どもに聞かれたら、
あなたは答えられますか？

お金の基礎知識

そもそも「お金」の価値ってなに？――成り立ちを学ぶ

「お金は大事だ」とは思っていても、その本質を理解している方は少ないのではないでしょうか。

無人島でいくら大金を持っていても、交換してくれる相手がいなければただの紙切れです。

「お金」とは相手がいて、交換できる価値が存在して、初めて存在感が発揮できるものです。

もともとお金が誕生した起源とはどんなものでしょうか。

まだお金がない時代、他人が持っているものでほしいものがあった場合、自分が持っているものと交換する方法しかありませんでした。いわゆる物々交換ですね。

しかし、大きなものを持ち運ぶのはひと苦労ですし、時間とともに腐ったり変化してしまうものであれば、思うように交換できないこともあります。

そうして、いつしか「不便」に感じられるようになり、ものの代わりに「きれいな貝、石、布、塩」、続いて「金貨、銀貨、銅貨」が作られたといわれています（2700年ほど前に、ギリシャで作られたのが世界で最初のお金と言われていますが、諸説あります）。

つまり、〝ものの価値〟の代用品だったんですね。

しかし、それがいつの間にか「お金自体」に価値があるかのような錯覚が広まってしまい、「お金をたくさん持っていることが一番！」と考えるようになった人も多いのが現状です。

もちろんお金は大切ですし、生活を豊かにしてくれるものです。

しかし、お金は本来、ものと交換するための道具として発明されました。何かと交換してこそ、つまりは使ってこそ意味が生まれるツールです。

自分のために、そして困っている誰かのために、目的を持ってこそお金の価値は発揮されます。

この大前提を、ぜひお子さんにもしっかりと教えてあげてください。そうすることで、お金をより有効に使おうと考えるようになりますし、ときには人生の目標につながることだってあるでしょう。

逆に、お金は「使う人の性格によって価値が変わる」とも言えるかもしれません。

良くも悪くもパワーがあるものですから、持っている量以上に、使い方が重要です。子どもがお金に振り回されることがないよう、ぜひお金の教育をしてあげてください。

「インフレ」ってなに?――お金の価値は変化する

インフレは「インフレーション」の略で、ものの値段が上がり続ける状態のこと。言い換えれば「お金の価値が下がること」です。

100円の飲み物が2倍の200円になったとします。2倍のお金が必要になったわけですから、お金の価値は2分の1になったと言えるでしょう。

普段買っている食品や日用品など、生活に必要なものの値段(物価)が上がり、収入(給料)が増えて、物価が上昇するのはよいインフレですが、一方でものの値段は上昇するのに、収入が増えないのは、家計を圧迫するなどの悪循環をもたらす悪いインフレです。

お金の価値の変化でわかりやすい例は、1964年の東京オリンピックの時代、東京タワーができたころでしょう。そのころの大卒の平均月給額は2万1200円でした。現在は、平均約

21万2000円。

当時の国鉄は初乗り10円、現在はJR（当時の国鉄）の初乗りが140円（IC136円）です。いかがでしょうか。この約50年でおカネの価値は10倍変化をしています。当時なら、2万1200円あれば1カ月生活できましたが、現在では、難しい金額です。

2020年に全世界を襲った新型コロナウイルスを例にとりますと、こんなことも言えます。外出自粛でさまざまなものの需要が大きく落ち込んで、経済全体が深刻な不況へ……。需要の減少は価格が下落する要因になるので、通常はデフレになるはずでした。ただし、マスクが急に必要になり、みんなが買うだけでなく、買い占めが起こってしまった結果、コンビニエンスストアにもドラッグストアにも「本日マスク入荷なし」の貼り紙が並び、店頭に出た瞬間になくなります。日本全土でマスク不足が続きました。

その結果どうなったかというと、数カ月前には50枚1500円くらいで買えていたマスクが倍の3000円以上に。急激な値上がりですが、それでも売れてしまうのです。でも、そのときに収入（給与）も上がったかというと、当然そんなことはありません。食料品のストックが必要かもしれないという不安から、一時期、スーパーの食品棚も品薄になりました。

「こんな異常事態はそうそう起こらないよ」、そう考える方もいるかもしれません。しかし、私はこの光景を見たときに、1970年代のオイルショックを思い出しました。当時、ちょうど日本に滞在していた私は、祖母から「トイレットペーパーを買うのに並んでくれる?」とお願いされ、近所のスーパーへおつかいに行ったのを覚えています。

スーパーには商品がほとんどなく、省エネなのか薄暗い電灯の下、トイレットペーパーほしさに並ぶ人々の行列……。それは、まさにハイパーインフレーション。当時の日本は、27%以上のインフレ率を記録していました。

これらの経験を踏まえるなら、収入が上がらずにものの値段だけが上がってしまっている現在、私たちは〝その先〟に何が起こるかをしっかりと考えなければなりません。

2%のインフレ率で、1000万円を20年間ゼロ金利に置いておいた場合、そのお金の価値は目減りして673万円になってしまいます。

仮に30歳の人が将来に備えるために3000万円を貯めようとしていたとしましょう。しかし、30年後にも3000万円が「今の3000万円」と同じ価値があると考えるのは、デフレの発想です。

30年後に「今の3000万円」と同じ価値のお金を準備するためには、インフレ率が年2%だと仮定すれば、5433万円が必要になります。インフレ時にお金を貯めていこうと思うのであれば、どうしても積み立てる金額に修正を重ねていく必要が出てきてしまうのです。

ではどのような対策が有効かと言えば、それはお金（貨幣）を〝価値のある別のもの〟に替えておくことです。候補は主に3つ。

ひとつ目は「外貨」です。インフレになると円安を引き起こしやすいので、円をドルなどの外貨にあらかじめ替えておくことです。そして、円安になった局面で、今度は外貨を円に替えることで、より多くの円を得ることができます。

ふたつ目は「株式」です。企業活動が活発になれば、株価は上昇します。また、もしその国の貨幣価値が下がった場合でも、海外から見れば、その分株が安く買えるようになりますから、買いたい人が増えることで結果的に株価は上がり、資産の目減りを防いでくれます。

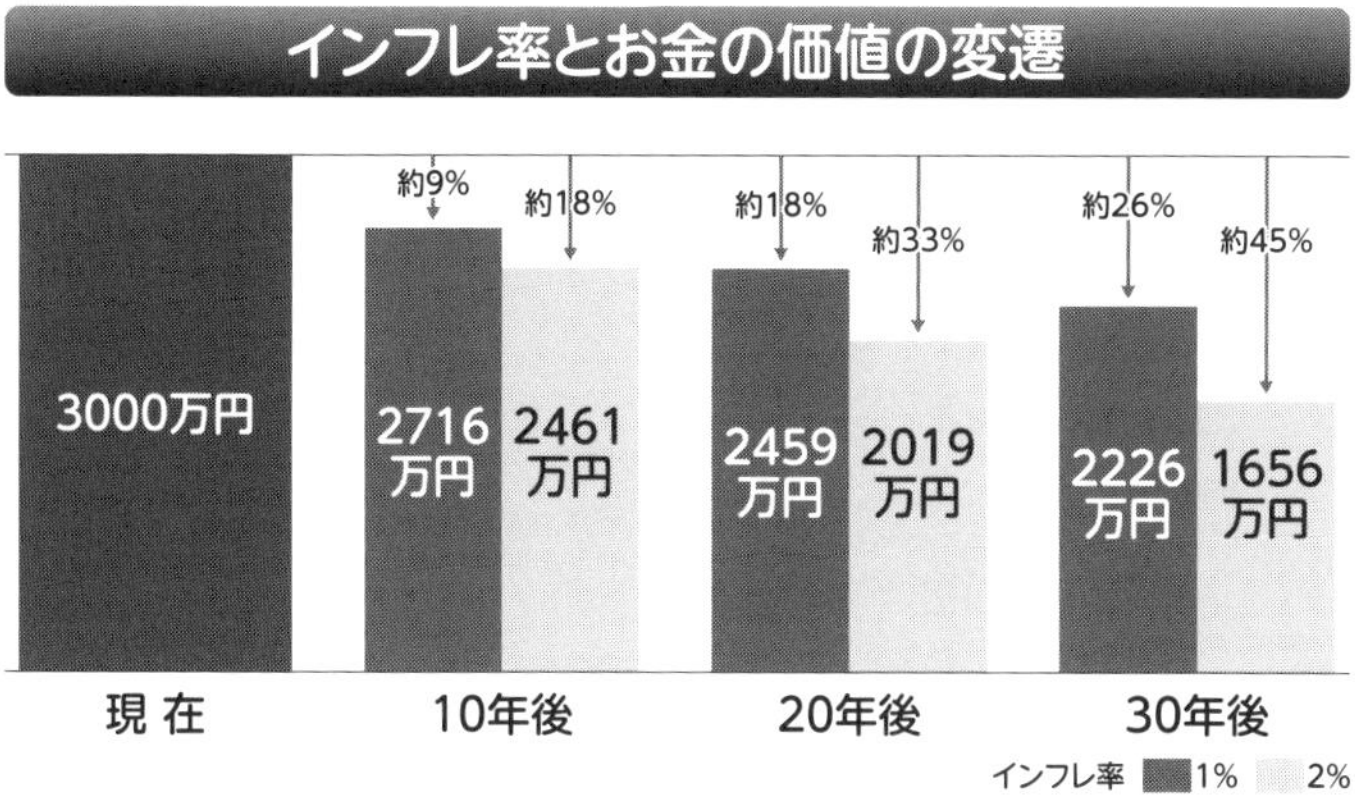

みっつ目が、「金・プラチナなどの貴金属」です。値下がりする可能性が低く、また、世界のどこでもほぼ換金することが可能です。

「インフレ＝物価上昇＝お金の価値が目減りすること」が来ても困らないよう、早いうちから対策をとっておきたいものです。

「株式」ってなに？——選び方や特徴

〝会社〟が〝資金〟を集めるための方法として「株式」の発行があります。

出資者からお金を募り、投資してくれた方に、金額に応じた量の株式を配ります。

この株式を買った（＝資金を提供した）人や組織は「株主」と呼ばれ、その会社の出資者（＝オーナー）となります。

株主は会社に出資する対価として、株を購入した証明となる株券だけでなく、株主総会に参加して議決に参加する権利（議決権）や配当金、株主優待を受ける権利を得ることができます。

そのメリットをまとめると、

・買った株が値上がりすることがある。
・配当金や株主優待などを受けられる。
・株主総会への参加権利がある。
・応援したい会社の株主になれる。

一方のデメリットは、
・買った株が値下がりすることがある。
・相場などの状況によっては売買ができない。
・外国株式などは、売却時に為替相場の状況で為替差損も生じる。
・税金や手数料もかかる。
などがあげられます。

世界で最も尊敬されている投資家、ウォーレン・バフェット氏が初めて株を購入したのは、11歳のときだったといわれています。

ある経済調査によると、アメリカ人の60%は、投資目的で株式や不動産を売買した経験があるという結果が出ており、「株を保有することに誇りを感じる」と考えている人もいるそうです。

小学生時代、アメリカに滞在していた私が感じたのが、その授業のユニークさでした。

学校によってさまざまではありますが、私が体験した授業では、子どもたちにアメリカの有名な会社が割り当てられ、その会社がテレビや新聞のニュースで取り上げられると、「そのニュースは世の中にどのような影響を与えるか？」を考えて発表したり話し合ったりしました。また新聞や資料などを見て、小学生同士で「議論」をしてみたり、自分なりに投資のシミュレーションをして発表した記憶もあります。

このようにして、会社や株式投資についての基礎知識や興味を育てていたんですね。

対して日本で体験した授業は、先生が教壇に立ち、教科書や黒板を使用して一方的に知識を押し込んでいくだけに感じられました。

もちろんアメリカ人の中にもイギリス人の中にも、株や投資に興味がない人はいます。

ロバート・キヨサキ氏の『金持ち父さん 貧乏父さん』（筑摩書房）では、主人公の実の父親は「お金儲けは悪いこと」という考えの持ち主で、労働以外の手段でお金を手にすることを嫌う人物として描かれていました。

日本には、そのような考え方のお父さんが、欧米に比べて多かっただけかもしれません。

しかしながら、富裕層の大半は株を保有しているという事実があります。

これは、お金に関するすぐれた知識を持ち、株を保有するメリットを理解しているということであり、投資をするアメリカ人はこのことを知っているのです。

イギリスでは、第1章でお伝えしたように、義務教育のうちに経済・金融・投資の知識を学び、自分自身の金融問題を管理する能力を身につけます。

それこそが大きな経済的自由をもたらし、人生の選択肢を増やすことを早いうちから子どもたちに教えているのです。

「債券」ってなに？――種類や特徴

「株式」よりリスクが低い金融商品に「債券」があります。

債券とは、国、地方公共団体、会社などが投資家からお金を借りる際に発行する有価証券です。

企業にお金を「投資する」のが株式ならば、債券は企業や団体、国にお金を「貸す」システムになります。

株式よりも価格のブレ幅が狭く、また、債務不履行（デフォルト）にならない限り、元本は満期時に全額返済保証されている点も特徴でしょう。

国が発行するものを「国債」、企業が発行するものを「社債」と言い、どちらも預金よりは金利が高めに設定されています。

株式などと同様、債券の価格も変動していますが、定期預金と似て期間と金利が決まっています。つまり「貸したら○年後に返しますよー」「返す際にはいくらの金利を乗せてお返ししますよー」と決まっているわけです。

定期預金と違い、この期間中に自分の債券を別の人に売ったり、逆に買い取ったりすることも可能です。

元本割れのリスクを減らしたい場合には、個人向けの国債がオススメです。発行から1年経過すれば売却、換金が可能ですし、途中で解約しても元本割れしません。

「複利」と「単利」の違いってなに？——運用の基礎

日本の預金は「単利」です。半年に一度払い出されるわずかな利息も単利となっています。

100万円に5％の「単利」の利息がつく場合、50年後は約350万円。これに対して、「複利」

であれば約1100万円となります。

単利式は、運用している元本に対してのみ、毎年同額の利子がつきます。運用元本の額というのは永遠に変わることはありません。

一方、複利式は投資信託、株式投資、財形預金プラス、変額保険、外貨建て保険などで採用されており、運用している元本に毎年増えた利子を組み入れ、まとめた分に対して利子がつくというシステムです。

運用している元本の額が毎年大きくなるため、利子の額も比例して毎年大きくなります。私が説明するときには「雪だるま方式」と呼んでいます。

雪だるまを雪の上でゴロゴロ回転させると、そのたびに大きくなりますよね。それが複利のかたちです。

それに対して、単利は雪だるまを転がすのではなく、地面に落ちている雪を手で拾っては、置いてある雪だるまにペタペタと貼りつけていく状態と言ってよいかもしれません。

複利で運用している資産が2倍になるまでに必要なおよその期間（年数）。それを計算する方法は

「72の法則」と呼ばれています。

□複利で資産が倍になる期間を算出する「72の法則」

72÷金利＝お金が2倍になる期間（年）

・100万円の場合

1％…72÷1＝72　約72年必要

3％…72÷3＝24　約24年必要

6％…72÷6＝12　約12年　（昔の日本で言うと個人年金、養老保険など）

8％…72÷8＝9　約9年　（昔の日本で言うと郵便局の定期預金が当てはまる）

ちなみに、バブル期（1980年代後半〜1990年代前半）の普通預金は2％くらい。

定期預金の金利が過去最高だったのは1991年の5・0％でした。0・01％と比較すると500倍も違います。

欧米と比較しても、まだまだ日本の「預金」残高は高いと言わざるをえません。

日本の金利は、普通預金が平均0・001％、定期預金も2020年4月の新型コロナショックによって平均0・002％になってしまいました。

短期間のお金であればまだ話は別ですが、長期間かけた〝目的のためのお金〟を、増えることのない「預金」につぎ込むという選択はありえないでしょう。

「お金は働かせる＝複利で働かせる」ことが可能です。大切なお金は眠らせるのではなく、しっかり働かせてあげましょう。

毎月１万円を								
●10年間入れたケース			●20年間入れたケース			●30年間入れたケース		
総額 120万円			総額 240万円			総額 360万円		
複利	0.1%の場合	120万66円	複利	0.1%の場合	240万252円	複利	0.1%の場合	360万558円
	3.0%の場合	141万6935円		3.0%の場合	332万1178円		3.0%の場合	588万321円
	5.0%の場合	158万4814円		5.0%の場合	416万6310円		5.0%の場合	837万1295円
	7.0%の場合	177万4032円		7.0%の場合	526万3821円		7.0%の場合	1212万8765円
	10.0%の場合	210万3740円		10.0%の場合	756万300円		10.0%の場合	2171万3211円

働き方の違いってなに？——種類は大きく分けて4つ

世の中にはさまざまな仕事がありますが、その働き方は大きく分けて4つに分類されます。

左ページの4つは、世界的な名著として知られる『金持ち父さん貧乏父さん』（筑摩書房）の中でも紹介されている区分で、良い悪いではなく、体を使う労働とお金を働かせる労働の違いを理解することが大切です。

①と②は自らが働いてお金を稼ぐのに対し、③と④は不労所得に分類されます。

日本でも、大半の方は①か②の働き方をされていると思いますが、お金の教育を経験すると、特に③と④の働き方が明確に理解できるようになります。

自分の体を使って稼ぐ①や②のスタイルは、いかに給料が高くても、限界があります。体はひとつですし、どんなに休みなく働いても、使える時間は1日24時間、年365日と決まっています。

一方、お金自身を働かせる③や④は天井知らず。自分が貼りついている必要もないうえに、働いてくれるお金が増えるほど、その増え幅も右肩上がり。もちろん、その分リスクもありますが、お金を増やすのに、どちらが効率的かは一目瞭然でしょう。

私のところに寄せられるご相談でも、「投資ってどうすればいいの？」というご質問から始まり、

①Employee

従業員

サラリーマン、バイト、派遣

日本人70〜80%

②Self Employee

自営業

社長、医師、弁護士、モデル、プロ選手

③Business owner

ビジネスオーナー

フランチャイズ、駐車場経営、MLM

不動産経営

④Investor

投資家

株、債券、投資信託、不動産投資、ほか

このような違いをご説明すると、「お金の教育がなかったのがいけない！」「小さいころにお金の教育を受けていたら、貯蓄の仕方や使い方を変えていたのに……」とくやしがる方をよく見かけます。

本来、会社のために自分や家族の人生があるのではなく、人生は自分や家族のためにこそあるものです。だからこそ、お金を生み出すこと（収入）について、自分でコントロールできるかどうかは非常に重要です。

このような働き方の根本的な違いを、子どものころから知っていれば、当然、将来目指す職業にもさまざまな変化が生まれるはずです。

「リスクとリターン」ってなに？——投資の基礎

投資の世界で言う「リスクの高さ」とは、「危険度の高さ」という意味ではなく、「価格変動のブレ幅が大きい」ことを指します。

株式に絶対はなく、どんな銘柄でもリスクはありますが、中でも、株価の値動きが激しい銘柄を「リスクが高い」と表現します。

しかし、ブレ幅は上にも下にも生じます。つまり、時には大きく上がる可能性を秘めているのも、このようなリスクの高い株式の特徴です。

わかりやすい例としては、新興国（中国、韓国、ブラジル、トルコ、インド、南アフリカなど）の株があげられます。

下の図は、各年ごとの株価の変動を表して

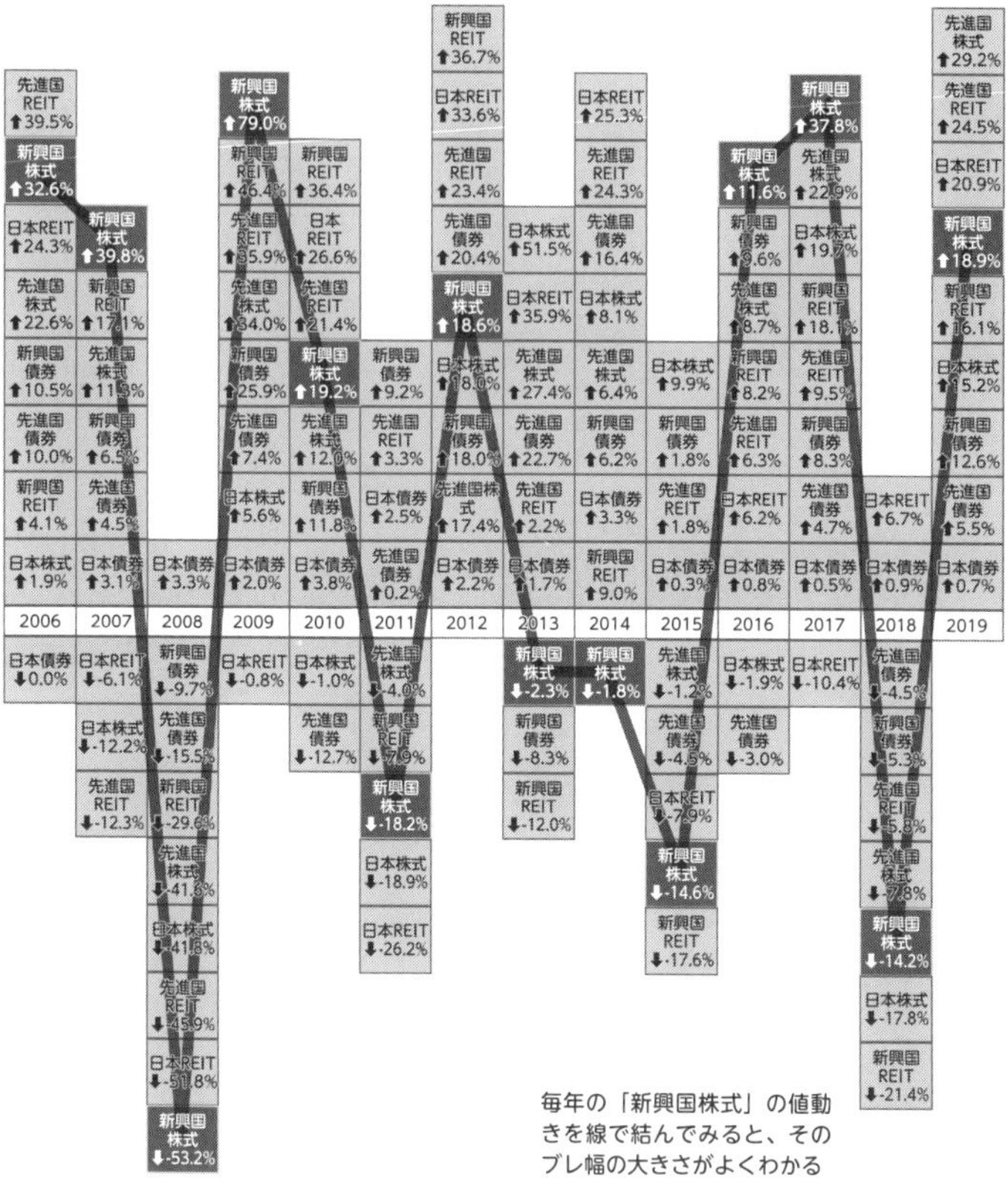

毎年の「新興国株式」の値動きを線で結んでみると、そのブレ幅の大きさがよくわかる

※Bloombergをもとに作成。

います。

新興国は経済が先進国ほど発展していないものの、人件費が安いため、先進国の企業が自国でものを作るより安く作れます。そのためさまざまな先進国から企業が進出したり、投資されたりするわけです。

国内に仕事が増えれば、それで給料をもらえる人も増え、多くの人の生活が潤います。

また、新興国は総じて若年層が多いという特徴もあり、豊富な労働力や今後の人口増加が見込める点も特徴でしょう。

つまり、伸びしろがあるということです。

一方、政治的な安定性が先進国に比べて低いため、なんらかの理由で先進国の企業が離れてしまえば株価は大きく下落しますし、政変やクーデターが起これば経済成長は減速するどころかマイナス成長に陥ってしまう可能

資産が持つリスクとリターンの比較

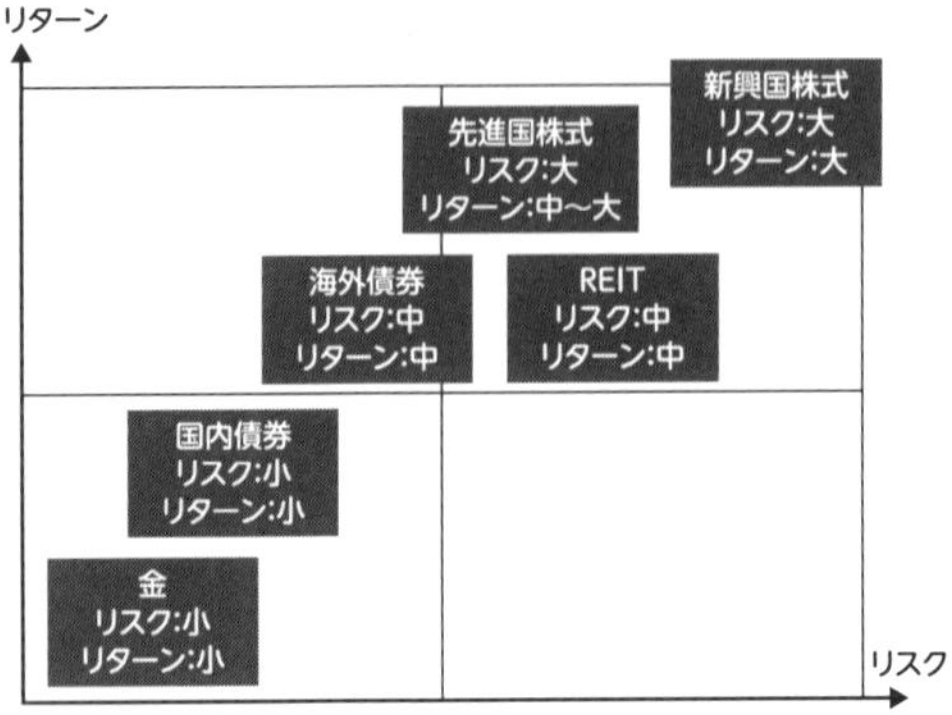

性もあるでしょう。

短期的に大きな収益を期待するのであれば、このようにブレ幅の大きい株が候補になりますが、それは大きなマイナスを被る可能性も増すことを意味するのです。

投資の世界だけに限らず「ハイリスク・ハイリターン」という言葉は使われますが、リスクとリターンは表裏一体の関係にあり、一概にどれが正しい選択かを決めることはできません。

個人個人の判断が大切になりますから、ぜひお子さんにも、早いうちからこのリスクとリターンの関係や意味をきちんと教えてあげていただければと思います。

カードの種類の違いってなに？――信用力を守る

クレジットカードとキャッシュカードの違いを、正しくお子さんに説明できるでしょうか？

似ているようで、大きく違うこのふたつ。万が一、お子さんが使い方を間違ってしまっても、世の中、「知らなかった」ではすまされません。「知らなかったあなたが悪い」となり、子ども自身の立場が悪くなってしまうのはもちろん、親の責任が問われる可能性もあります。

そうなってから、ご自身やお子さんを責めることにならないよう、あらかじめ学んでおく必要があります。

キャッシュカードは、銀行のＡＴＭで預金を引き出したり、入金、振込をしたりする際に使用します。デビットカードという例外はありますが、基本的にはお店やオンラインなどでの買い物には使えません。

一方、クレジットカードは、ほとんどがＶｉｓａ、マスター、ＪＣＢといった国際ブランドを付帯しています。そのため、これらの国際ブランド加盟店舗であれば、支払いにクレジットカードを使うことが可能です。店舗での支払いやオンラインショッピングなど、さまざまなシーンで利用できます。

クレジットカードでATM操作をすることはできませんが、「キャッシング枠」のあるクレジットカードであれば、ATM操作も可能になります。この場合には、利息がつく場合があるので注意しましょう。

買い物に使えるキャッシュカードであるデビットカードは、買い物をした瞬間に銀行口座から利用金額が引き落とされる仕組みです。つまり、銀行口座に十分な残高がなければ、使用できません。対してクレジットカードの場合は、購入代金を一時、クレジット会社が肩代わりするシステム。つまりは、カード使用者が「一時的に借金をする」かたちで利用することになります。キャッシュカードと違い、口座の残高とは関係なく、設定された上限額までは自由に使えてしまうので注意が必要です。

キャッシュカードとクレジットカードの大きな違いとしては、所有できる年齢もあげられます。キャッシュカードには年齢制限がないため、中学生や高校生でも所有することができます。

一方で、クレジットカードは、利用額を後でしっかり支払ってくれる（返済してくれる）人かどうか、審査する必要があるため、「高校生を除く18歳以上」の、「審査を通過した人」のみが所有することができるのです。

また、クレジットカードには「ゴールドカード」や「プラチナカード」といったランクがあります。上位であるほど年会費も高く、付帯する優待特典は多くなりますが、上位ランクのクレジットカードであるほど、年齢や職業、収入額などが、入会審査の際に細かくチェックされます。

両者の機能には、それぞれメリットもあれば注意点もあります。どちらも大切なお金に直結するものなので、あらかじめ特性を知っておくことで、不用意に他人に見せたり、渡したり、だまされたりすることを予防できます。

また、クレジットカードはきちんと使っていくことで、時間とともに信用力が育っていきます。いざ、お金を借りたいというときは、過去の支払い履歴が重視されます。例え若気の至りだったとしても、過去に支払い漏れや延滞などがあると信用力が損なわれ、大人になってから泣くことにもなりかねません。そうならないためにも、若いころから知識を得ておく必要があります。

リスクマネジメントってなに？——もしもに備える

この原稿を執筆している現在、日本では新型コロナウイルス感染防止の観点から、三密（密閉空間、密集場所、密接場面）の回避が叫ばれ、飲食店やデパート、ホテル、観光事業など、たくさんの店舗が閉店しています。企業によっては倒産の危機を迎えており、その影響による解雇も増えています。

今回の危機が収まったとしても、将来どのような危機が再び襲ってくるかわかりません。いざというときに備える、という考えは、子どもにもしっかりと教えていきたいテーマではないでしょうか。

幼少期に欧米と日本の行き来で感じたことのひとつに、「お金教育の違いがあった」という話は前ページでも書きましたが、それはリスクマネジメントというテーマでも同様です。

災難というリスクに対してどう向き合うか？　欧米のパパ・ママは、子どもが3歳のときから教えていました。

その伝え方は、リスクを言葉だけで教えて注意をうながすのではなく、むしろ少し経験させることで「痛いんだ」「危ないんだ」と自ら学ばせるというものでした。そうすることで将来、大きな傷を負わずにすむのです。

投資についても同様で、若いころから少額の取引を経験させ、その中で失敗も味わうことは後の大きな財産になるはずです。

基本的なやり方はパパ・ママが教えてあげる必要はありますが、どこにどのような投資をするかは、本人に考えさせてあげましょう。「自分」がどうしたいかを考えさせ、その考え方をしっかりと聞いてあげるのが欧米流子育ての基本です。

ぜひこの機会に、家族と向き合い、「話をする」時間をつくってほしいなと思います。

欧米で資産形成を成功させている家族の共通点は、家族との時間を大切にし、よく話し合うことです。だからこそ、災難に見舞われたときも慌てないですむような、資産作りや家族間の協力が構築されているのです。

ブロックチェーンってなに？——知識をアップデートする

みなさんは「ブロックチェーン」という言葉を聞いたことがあるでしょうか。

これは、ネット上における金融取引の台帳に関する技術のこと。一定期間の内におこなわれた取引の記録（＝ブロック）が「チェーン」、つまりつながっている状態を指しており、銀行などを介さず、特定の仮想通貨（暗号資産）を持つ人すべてが取引情報を共有することで二重取引などの問題を解決。個人間での取り引きを可能にします。

はじまりは2008年、サトシ・ナカモトという名前を使った人物（グループ？）が、暗号通貨

「ビットコイン」の公開取引台帳として発明したものでした。このサトシ・ナカモトの正体は現在まで不明なままですが、このブロックチェーンの発明により、ビットコインは当局や中央サーバーを必要とせず、諸問題をクリアした最初のデジタル通貨となりました。

そして2010年5月22日、フロリダのプログラマーが「ビットコインでピザを注文したい」と、ビットコインの開発者のフォーラム（掲示板）に投稿。これに応じたピザ屋によって、「ピザ2枚＝1万BTC」で取引が成立します。ただのデータだったビットコインが、初めて現実の「モノ」と交換され、価値を持った瞬間でした。

今や、ビットコインのデザインはほかのアプリケーションにも影響を与え、一般に公開されているブロックチェーンは暗号通貨として広く利用され、決済手段の一種と考えられています。

価値もはね上がり、日本においても誕生間もないころの1BTC＝1円から、一時は200万円超え、現在でも100万円を超える価格がつけられています。たった7年で1円から200万円超えとなったことで、億万長者も多数誕生。マスコミもにぎわせました。私の周囲にもビットコインを所有している人は多くいます。

では、このビットコインはどのような用途があるのでしょうか。

まずひとつは「買い物ができる」ということ。通貨ですから、あたり前と言えばあたり前なのですが、大きなものでは数千万円のスポーツカーも購入できます。身近なところでは、2017年にビックロがビットコインでの買い物に対応すると発表して注目を集めたこともありました。日本円に換金して銀行へ振り込むことで、現金化も可能です（税金などはその時の税法に応じた額が発生）。

また、ビットコインを利用した国際送金サービスも登場してきています。仮想通貨を利用すると、送金情報に加えて〝価値そのものを送る〟ことができるため、銀行国際送金を利用する必要がなく、コスト削減効果が大きいといわれています。

送金人と受取人が仮想通貨をそのままの形で保有するのであれば、間に一切の中間業者が必要なく、ブロックチェーン上で相対取引は完了し、国境という概念も気にする必要がなくなります。国籍や自国の通貨に縛られることもなく、世界中で活用できる通貨……確かに魅力的ですよね。

なお、このビットコインを理解するうえでは、「半減期」の存在も重要です。

これはビットコインをはじめ、仮想通貨の〝マイニング報酬〟が半分になるタイミングのこと。マイニングは「採掘」という意味で、仮想通貨の世界では、一定期間ごとにすべての取引記録を取引台帳に追記することを指します。銀行など、特定の組織を中央に持たない仮想通貨においては、この台帳への追記も個々人が請け負います。そして、この作業に従事した見返りとして、新規通貨が支払われます。これが「マイニング報酬」です。仮想通貨の新規発行は、このマイニングを通じてしか行われないこともあり、ビットコインなど、保有する仮想通貨の発展を信じる人たちは、日夜採掘活動（一つの大きな取引台帳の更新作業）に力を注いでいます。

しかし、一方で仮想通貨の発行総量には上限があります。ビットコインならば2100万BTCが上限として設定されており、この限界値に向けて21万ブロックが生成されたタイミングで、マイニング報酬が半減となります。マイニング報酬が半減すれば、市場に新規に流通する仮想通貨の量も減少します。これに対して需要が増えていけば、仮想通貨の希少性が高まり、価格も上昇していくと考えられます。

「仮想通貨の存在は知っているけど、いつまで続くかわからないから、手は出していない」そんな方も多いと思います。

確かに、半減期の到来、開発者コミュニティによる仕様のアップデート、世界各国の規制緩和や規制強化などなど、考慮しなければいけない要素はさまざまですが、お金の教育の観点から見れば、このようなまったく新しい仕組みを持つ通貨に触れておくというのはムダにはなりません。個人から個人へと直接やりとりができ、さらに取引履歴がしっかりと共有されることから、募金活動に適した側面も持っています。

現在、仮想通貨の数は世界で3000を超えており、中には100円や1000円から購入できるものもあります。投資やお金儲け、という観点ではなく、最新のお金の知識として、また世界とつながる方法として、知っておいて損はありません。

「お金の教育」ってなに？――偏差値より強い知恵

学校の成績が優秀で偏差値が高いからといって、必ずしも人生の勝ち組になれるわけではありませんし、経済的に豊かな生活が送れるとも限りません。

もちろん、学生時代の成績が優秀だったおかげで国家公務員や大手企業の社員となり、高給を得ている人もいれば、起業して一代で成功を収めた経営者もいるにはいます。いい成績を取っていい大学を出た方が、その後の就職に有利で、ひいては生涯に受け取る賃金の額も変わってくる、という考え方も否定はできません。

しかし、新型コロナウイルスの例をあげるまでもなく、社会は目まぐるしいスピードで変化しており、公務員やエリートサラリーマンも安泰ではありません。少なくとも、今の子どもたちが大人になったときに待っている社会は、今の私たち大人が見ているそれとは大きく違っているということは確かでしょう。

世界は常に変化しています。

そんな激動の渦に放り込まれたとき、「学校の成績」という物差ししか持っていなければ、それが通用しない環境では路頭に迷ってしまいますし、子どもたちはすでに、その危険を察知しているのかもしれません。

日本財団がおこなった「18歳意識調査」。その中の「あなたの国の解決したい社会問題1位は」という質問に対して、

イギリスは「気候変動対策」、

ドイツは「健全な海の確保」、

という答えがもっとも多かったのに対し、

日本の子どもたちは「貧困をなくす」という回答が最多となっています。

意外かもしれませんが、日本の貧困率は15.7％。6人に1人が貧困にあえいでいます。

このデータは厚生労働省が発表した「国民生活基礎調査2015年」（除熊本県）で明らかになったもので、1世帯が1年間に使えるお金の中央値を244万円として、その半分の122万円未満

の家庭を「相対的貧困」と位置づけています。

この貧困率は世界の中でも14番目と高く、先進国だけにしぼると中国、アメリカに次ぐ第3位の数値となっています。

この罪を偏差値教育だけに負わせるべきではないと思いますが、今のままではこの国も、そして自分たちの未来も開けない。そう子どもたちが考えているのは確かでしょう。

若いころからお金の教育を受けて育った海外の子どもたちは、自らの資産を増やし、守ることに長けています。30歳になったときのお金の増やし方や増え方を比較しても、お金の教育を受けていない人とはまったく違っています。人より資産が多ければ、いざというとき、例え収入源を絶たれてしまっても耐えられますし、平時にあっても心の余裕が生まれるもの。結果として、よりよい人生を送ることができるのです。

また、お金の知識を得るということは、貧困を避けるための最善の自衛策というだけでなく、先を見る力やコツコツと長期にわたって続けていく持続力、新しいものを見出す力と情報を分析し精査する力、さらにはコミュニケーション能力など、さまざまな長所を育みます。これらは、どれも人生において重要なスキルですが、学校の成績には必ずしも直結しません。

そう考えると、お金の教育が人生においていかに強いものかご理解いただけるでしょう。

特別講義 子どもに教えたい投資テクニック

その1「たまごはひとつのカゴに盛るな」

株式相場の世界では、先人たちがその経験をもとにして、さまざまな格言を残しています。

「たまごはひとつのカゴに盛るな」も、そのうちのひとつ。

複数のたまごをひとつのカゴに盛ると、そのカゴを落とした場合に、すべてのたまごが割れてしまうかもしれませんが、複数のカゴにたまごを小分けにしておけば、最悪そのうちのひとつのカゴを落としてしまっても、他のカゴのたまごは影響を受けずにすむということです。

投資の場合、特定の商品だけに投資をするのではなく、株式や債券、不動産など複数の商品に投資をおこない、リスクを分散させた方がよいという教えです。

ただし、私としては、資産構造によって分けるべきだと思っています。

ある程度の資産がある人は、分散してリスクに備えるかたちでよいでしょう。しかし、少額のみの投資しかできない場合には、1万円の積み立てをするのに、債券や株式などに分散していくよりも、外国の株式に長い間投資をしていく方が、資産が増える可能性があるのです。

実は、世界の株式の中で、複数の会社や業種に投資をするのも立派な「分散」になります。世界の人口が増え続けていてGDPも継続的に成長している場合には、このような分散も選択肢のひとつです。

投資だけでなく、通貨にも同じことが言えます。自国の通貨だけでなく、米ドルなどに手持ちの通貨を分散することで、インフレにも対応できます。

ビリオネアと一般家庭では、分散は分散でも、同じ分散をしていてはいけません。

手持ちの資産が少なく、余裕がないのであれば、長期にわたりコツコツと世界に目を向けて投資をするべきです。そして、それは少ないおこづかいを握りしめ、投資という大海原への処女航海に出ようとするお子さんにも言えることです。

あくまで一例ではありますが、1万円ずつを世界中のたくさんの企業へ分散投資し、それを35年間続けた結果、投資した420万円が、2600万円になった方もいます。その上昇率はなんと約6倍(!!)

そんな話を聞いてしまうと、前のめりになってしまうかもしれませんが、大切なのは長い時間、あまり気にしないことです。

「分散」という考え方は、投資だけでなく、ご自身のお財布の中身にも言えることです。一か八かのギャンブルのように、日々の生活費までを投資につぎ込むのではなく、先々のためのお金としてキープできる分をしっかり見極め、分散して長い目で投資していきましょう。うさぎとカメのお話でいう、カメの立場ですね。

そういった意味でも、これから時間がたっぷりある若いころから投資に触れるのは、大きなアドバンテージだということがおわかりいただけると思います。

その2「ドルコスト平均法」

それぞれの資産や株式の銘柄には、その性質ごとにさまざまな値動きがあります。

高いときもあれば、安いときもありますが、そのすべての波を読み切ることは不可能です。

そんなとき、一度に多額の投資をおこなってしまうのではなく、積立投資のように、決まった少額を定期的に投資していく方法があります。こうすることで、価格が高いときには少なく買い、価格が低いときには多く買っていくことができるのです。このような「時間の分散」とも言うべき投資法を、「ドルコスト平均法」と呼びます。

長い目で見ると、1回あたりの投資価格は平準化されていくため、短期的な急な値下がりなどが生じても、それによって生じる損失の程度を軽減することが可能です。

1万円をコツコツと「①外国株式の中で平均値8.8%」「②バランス型で平均値6%」「③債券で平均値3%」で10年間、20年間、30年間積み立てをした場合を見てみましょう（手数料、税金別）。

次ページの表をご覧ください。

時間は長い方が複利の法則と時間の分散で増えていることがわかりますね。

毎月2万円ずつ買い、以下のような値動きをした場合

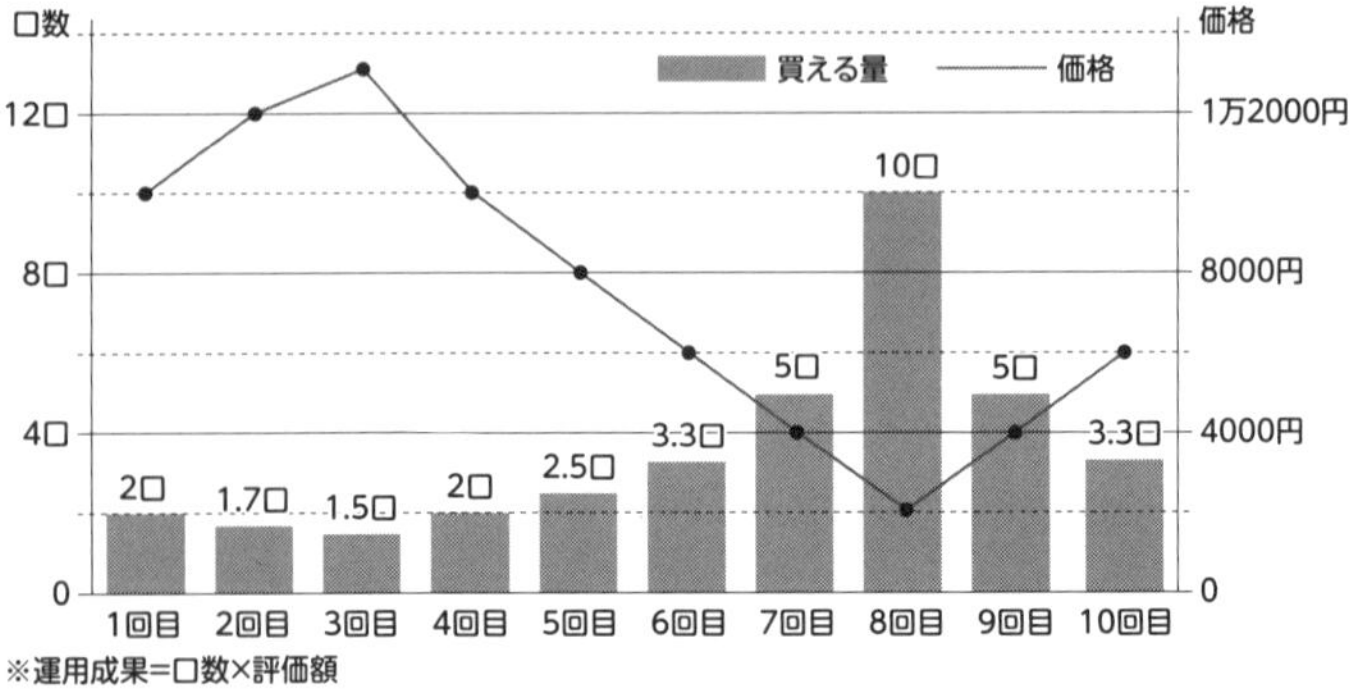

※運用成果＝口数×評価額

もちろん、メリットばかりではありません。

デメリットは、運用期間が短い場合です。例えば、5年勝負としましょう。

5年直前に大暴落が起きた場合、今までコツコツ増えていたものも、口数は買えているものの、解約した際の価値としては元本割れが生じていることもあるでしょう。

また、まとまったお金のある50代以降の方の場合、運用期間30年だと80歳になります。80歳まで増やす楽しみが持てるのでしたらまだしも、「10年後までに増やしておきたい！」と思うのであれば、コツコツではないスタイルの投資の方がよいでしょう。

お伝えしたいのは、「投資」にはいろいろなスタイルがあるということです。

証券会社や運用会社、その商品の運用方針や手数料などのコスト、税金も加味して考えないとなりません。

また、世の中には販売停止になる商品もたくさんあります。そ

時間の長さと資産増加量

毎月1万円を								
「①外国株式　平均値8.8％」に投資した場合			「②バランス型　平均値6％」に投資した場合			「③債券　平均値3％」に投資した場合		
年数	総額	増えた額	年数	総額	増えた額	年数	総額	増えた額
10年目	196万4748円	+76万4748円	10年目	167万6593円	+47万6593円	10年目	141万6931円	+21万6931円
20年目	653万1378円	+413万1378円	20年目	467万9115円	+227万9115円	20年目	332万1165円	+92万1165円
30年目	1714万5515円	+1354万5515円	30年目	1005万6174円	+645万6174円	30年目	588万0296円	+228万296円

の理由は簡単で、ずばり「赤字商品」だから。要するに儲からない商品になりそうだったり、もしくは実際に儲からない商品です。

本来は、このようなリスクも踏まえたうえで、ご自身の年齢や資金から、「ドルコスト平均法」がよいか、「まとまったお金」の方がよいのか、はたまたふたつを併用した方がよいのかを吟味する必要があります。判断に困る場合は、経験豊富なプロのファイナンシャル・プランナーに頼ってみるのもよいでしょう。

しかし、本書のテーマでもある、お子さんの投資の入り口として考えるのであれば、このドルコスト平均法は有効な選択肢と言えるでしょう。

※参考文献：金融庁「時間の分散」

第3章

している子としていない子で
こんなに差が出る!?
お金の教育
ビフォー・アフター

【お金教育を受けた子ども】の場合

「自分の欲求をコントロールする力＝我慢する力」を身につけられる

お金の教育を受けた子どもたちは、お金を貯める目的や、将来の目標を明確に持っているため、そこに向けての我慢ができるようになります。

子どもならお菓子やゲームをほしがるのはあたり前ですが、そんなときにもただ「ほしい！」と口にするのではなく、一度自分で考えるようになるのです。

「本当にこれを買ったらどうなるのかな?」「パパやママに交渉して、来月のお金の中から返す提案をしてみようかな……」という具合です。

私自身も、おこづかいは祖父母と交渉して受け取っていたので、ほしいものが目の前に現れたからといって、いきなり懇願するようなことはありませんでした。

同様に、お金の教育を受けていた友人たちも、例えばスーパーなどでお菓子がほしいと駄々をこねて泣くような姿を見たことはありません。

子どもは本来素直で、大人がきちんと説明したことを理解し、実行する能力に長けています。

しかし、何も教えられていない状態で、「我慢しなさい!」と頭ごなしに言われてしまえば、感情が爆発してしまうこともあるでしょう。

我慢を押しつけるのではなく、当たり前のように我慢できる思考を育てるのが、お金教育の利点のひとつになります。

また、自分の「今すぐほしい!」という気持ちに対して、「本当に必要かな?」と自問自答できるようになるのも長所です。誰かに問いかけられるのではなく、自分で疑問を見つけられる能力は、そのほかの学習にも大きなプラスをもたらします。

実際、お金の教育を受けた子どもたちは、「勉強しなさい」と親に言われなくても、率先して本を読んだり勉強する子がほとんどでした。

お金と欲求をコントロールする術を覚えれば、それは自分の人生そのものをコントロールすることにもつながるのです。

お金の価値や表し方・使い方を自然と理解できる

お金とは、ものやサービスと交換できる紙や硬貨のこと。その種類や枚数によって、金額も違ってきますが、未就学児や小学校低学年くらいだと、なかなか見分けがつかないものですよね。

しかし、早いうちからお金の教育を受けた子どもは、1円玉から5円玉、10円玉、50円玉、100円玉、500円玉、1000円札、5000円札、1万円札と並べて理解できるようになります。

結果、おつかいを頼まれたときの支払いもスマートになります。

例えばお会計で「1300円」と言われた場合に、迷うことなく1000円札1枚と100円玉3枚を出せる。もしくは100円玉がなかったとき、「1500円」を渡して「200円」のおつりがもらえるということが、すぐにわかるようになります。

「そんなの放っておいても、いつか覚えるでしょ？」という方もいるかもしれません。

しかし、自国の通貨を覚えるのは、お金の教育の基本です。

お金はものやサービスの価値の代用品ですから、若いうちからお金を知るということは、ものの価値を知ることにもつながります。

また、子どもは一度興味を持つと、それにまつわるさまざまな「なぜ？」「どうして？」を感じ始めます。お金に限らず、お子さんから質問攻めにあったことがある親御さんも多いのではないでしょうか。

早いうちに子どもにお金の概念や種類を教えることは、お金に対しての好奇心の種をまく行為でもあるのです。

私の知り合いのお子さんの中には、お金の価値や表し方を知り、それを使っていくことでさらに興味を持ち、海外通貨まで調べ始めたという子もいます。

お金を知るということは、世界への新しい扉を開くことなのです。

お金を使うときの注意点がわかるため、〝かしこい消費者〟になれる

お金を使うことのメリット・デメリットが理解できているため、「消費」についての心構えが身についています。そのため、ムダな使い方をしなくてすみます。

また、商品を買う・買わないという選択だけにこだわらない視点も育ちます。

例えば、お花屋さんに行った際に、ただ好みの花を買ってくるのではなく、「水のあげ方は？」「どのくらいで枯れるの？」「すぐに枯れたら違うお花に替えてくれる？」「そのためにはレシートが必要？」などといった質問ができるようになるのです。

ものを買って中身が壊れていたのであれば、別のものと交換してもらわなくてはいけません。そ

の際は、交通費をかけてそこまで行かないといけないのか、はたまた着払いで送ってもらえるのか、も重要です。

このような確認や交渉は大人でも「面倒くさい」と思ってしまう方が多いところですが、それを子どものうちから自然に身につけておくことで、「人に聞く」ことや「意見をする」ことが苦にならなくなります。

また、商品選びにも同じことが言えます。同じ商品を買うにしても、「より評判がよい店舗（もしくはサイト）はどこか？」「サービスが良いのは？」「送料が安いのは？」など比較しながら選ぼうとする意識が身につきます。

それによって、質の悪いものやサービスを買ってしまい、損をするような事態も避けられるようになります。

つまりは、〝かしこい消費者〟になることができるのです。

交渉術が身につき、社会で必要なコミュニケーション能力も高くなる

おこづかいの渡し方の項でお伝えましたが、おこずかいは年齢が上がるから金額も上げるのではなく、すべては交渉で決めるのがお金の教育です。

「いくらほしい」「その理由は○○をしたいから」「そのためには犬のお世話をする」「テストで学年5位以内に入る」などといったことを、親子で話し合いながら交渉をしていきます。

そんな経験を積んだ子どもは、クラスでの発表や委員会などでも、自分の意見を上手に伝えることができるようになります。

成長とともに、友人や先輩後輩、先生や部活の顧問など、人間関係が広がっていきますが、そんなときにも自分の意見が通りやすくなります。

さらに、交渉には相手の考えをすばやく理解することも大切ですから、周囲の話に耳を傾ける

「傾聴」も得意になります。「うんうん、わかる！　それってこうよね」という具合に、相手の話にきちんと向き合いながらも自分の意見を上手に伝えることができるのです。

このような交渉術やコミュニケーション能力は、社会に出てから一番活かされる能力ではないでしょうか。

ここで、若いころからお金の教育を受けて育った、私の知り合いの話をさせてください。

彼は学生時代に、日本でも特に有名な、とあるＩＴ系企業の創業者とお話をする機会に恵まれました。人によっては委縮してしまいそうな状況ですが、彼はまったく臆することなく、その創業者に夢や目標を語り、「こんなモノが世の中にできたら社会貢献だけでなく、人々の意欲にもつながります！」と目を輝かせながら話したそうです。

社会に出た後、彼は自分でビジネスを起こして大成功。TBSのテレビ番組にも取り上げられる注目の若手起業家となりました。

この創業者に気に入られたから、彼が成功した、と言いたいわけではありません。

しかし、どんな相手にもきちんと自分の意見や思い、目標を伝えられる人には、自然と協力者や出資者が集まります。

それが結果として、人生を思いどおりに、楽しくすごすことにつながるのです。

自分の体を使うばかりではなく、お金を働かせる方法がわかる

1日は24時間。これは、誰にとっても同じ長さです。

食事やお風呂、睡眠などの時間を考慮すると、実際に活動可能な時間は15時間程度でしょう。

この1日15時間を使って、自分自身が動いてお金を稼ぐ場合、労働時間と対価の計算が可能です。

例えばアルバイトや派遣社員の給料は時給計算で決まります。時給1000円であれば、どんな

にがんばって働いても、1日に稼げるお金は1万5000円が限界。まったく休みなく働いたとしても、月30日で45万円。時給が多少増えたとしても、初めから限界値は決まっています。
会社員でも事情は同じです。完全歩合制のフルコミッション営業など、特殊な例を除けば、会社員の月収もアルバイトや派遣と同様と考えて差し支えありません。

サラリーマンもアルバイトも、自分で働いて稼ぐ労働集約型のワークスタイルで、その収入はいわば「足し算」。1時間残業をすれば、その残業代が基本給に加算される、すなわち〝足されていく構造〟です。

その点、起業家はまったくの異質であり、働けば働くほど青天井に稼げると考えている人もいるかもしれませんが、いくら自分で会社を起ち上げても、そんな稼ぎ方ができない人の方がほとんどなのが現実です。

ワークスタイルの幅が広がり、今では「1人社長」さんも多く見かけるようになりました。しかし、独立しても労働集約型の働き方をしていたり、金策に追われていたり、有能な人員に恵まれず疲弊していたりする人も少なくありません。お金を稼いでくれる仕組み作りをしなければ、リスクをとって独立したものの、サラリーマン時代と同じように初めから天井の決まっている働き方をせざるをえなくなってしまうのです。

雇われ時代に比べて多少収入が増えたとしても、馬車馬のように働き、そのうえリスクだけはサラリーマン以上、という報われないワークスタイルになっている人も多いのです。

つまるところ、自分自身で働いて稼ぐということは、最初から限界がある程度決まってしまっているのです。

仮に50歳で現金1億円を貯められたとしても、働きすぎて病気になり、亡くなってしまっては豊かな人生とは言えませんよね。

一方、高収入を維持している社長さんや資産家は「かけ算」で稼いでいます。

例えば、大量販売することが可能な流通を生み出すことで、利益は10倍、100倍となり、文字通りの「かけ算」でケタ違いの収益を生み出します。

お金を生み出す方法を〝仕組み化〟すれば、自分自身の時間は取られないですみます。自分は働かずして利益はかけ算で青天井。「お金持ちは自分で働かない」というのは結果論なのです。

「自分でがんばって働いている間は〝お金持ち〟と呼ばれる領域には入れず、働かないで稼ぐことができて、初めて〝お金持ち〟の世界に入ることができる」と教えてくれたビリオネアもいました。

お金を働かせることができると、自分自身が寝ている時間や食事やくつろぎの時間でさえ、お金自身が働いて複利でお金を増やしてくれます。

早いうちからお金の知識に触れ、仕組み作りを覚えた子どもは、人生の時間を切り売りすることなく、豊かな暮らしを送ることができるのです。

【お金教育を受けなかった子ども】の場合

おこづかいをほしいだけもらった結果……我慢できない性格となってしまう

日本では、おこづかいの金額を交渉したり、目標を達成した報酬として受け取るというより、「小学何年生だからいくらね！」というようなもらい方のお子さんが多いと思います。そうすると、どうしても子どもは、「お金はなにもしなくてももらえる」「年齢が上がればもっともらえてあたり前」と考える脳になってしまいます。

するとどうでしょう。どうせまたすぐにもらえるという感覚になってしまい、最悪、お金をあるだけ使ってしまう子どもになってしまうのです。

親と相談しながら使い方を考えられる子どもや、貯金箱にとりあえず入れておくという子はまだいいとしても、すべて使ってしまった子どもは、次におこづかいをもらえるときまで、お金のない状態で「使えない……なにも買えない……」という〝お金がないストレス〟にさらされ続けることになってしまいます。

さて、そのストレスを我慢できなくなった子どもが、「お母さん、あれ買いたいんだけどお金ちょうだい！」と言ってきたとします。ここでお母さんがどのような態度や言葉を選ぶかで、将来、子どものお金に対する考え方に大きな影響を与えることになります。

もし、「いいわよ」とすぐにお金を出したとします。そうすると、子どもは「なくなったらパパ・ママに頼めばいいんだ」と理解し、それ以降もおこづかいを使い切っては催促する、というサイクルを繰り返してしまいかねません。

そして、「お金は定期的にもらえて、年齢とともに増えて、さらに足りなくなってもまたもらえるもの」という感覚で育った子どもは、やがて大人になっても「お金を稼ぐためにがんばって働く」という思考になれないばかりか、就職できたとしても「給料が思ったように増えない」「こんな給与じゃ買いたいものが買えない」とストレスを溜め込んでしまうことになります。お金はもらえて当然、足りないのがおかしい、そんな思考に陥ってしまうのです。

そして、期待どおりのお金がもらえないことを会社や周囲のせいにして退職したり、安易に稼げる手段を探し始めるかもしれません。

では、お金を使い切ってしまった子どもから追加のおこづかいを催促された際、「なぜ？」と理由を聞いたうえで、親御さんが納得できる理由ではなかったために、我慢をさせた場合はどうなるでしょう。

そこで期待通りのお金をもらえなかった子どもは、当然ストレスを感じるでしょう。しかし、それによって次に催促するときは、それなりの理由を考えたり、もしくは「貸してほしい」などとアプローチを工夫してくるはずです。「次の月まで我慢しようね」と言われたら、翌月からはやりくりを工夫するようになるかもしれません。つまり、おこづかいを使い切らずに、きちんと計画を立てるわけです。

お金は限りある資産であり、簡単には手に入らないと知れば、お金の価値を意識することにもつながります。ひいては社会に出た後も、給料の低さを安易に嘆くだけの人間にはならず、「なぜ足りないのか？」「どうしたら解決できるのか？」を自ら考えられるようになるはずです。

※一点だけ注意事項があります。我慢することにストレスを感じた子どもは、友だちに「お金を貸して」とお願いしてしまうかもしれません。子ども同士のお金の貸し借りは非常に危険ですので、この点はあらかじめ親御さんがしっかり注意してあげていただければと思います。

貯金や預金しかしてこなかった結果……
金利がほぼなし、老後も働くことに

前のページでは、おこづかいを使い切らず、きちんと計画を立てることをお子さんに教える大切さをお伝えしました。

しかし、もらったお金を単に貯金箱に入れたり、銀行や郵便局に貯金するだけは、お金を上手に使っているとは言えません。

大人のみなさんにはもはや説明不要ですが、現在の日本の預金はゼロ金利、つまりは限りなく金利がゼロに近い状態です。

ゼロ金利の中で毎月コツコツ積み立てをしても、当然ですが金利はほとんどつきません。

例えば0・02％の年利で、毎月2万円を30年間銀行に貯金した場合、720万円に金利は税引きを考慮しなかったとして866円にしかなりません。

これがもしも30年間で金利が3％あれば、金利だけで約355万円がつきます。

さらに、複利で3％あれば、約456万円が金利となり、合計1176万円の立派な資産になります。

公的年金の足りない部分を、20歳から

60歳までの40年間、複利3%で貯めた場合、合計960万円分の貯金が、金利をふくめると約1839万円になります。「金利」と「複利」と「時間」を味方につけ、目的の時期別に分散しておけば、長い老後生活を迎えた際の「使えるお金」に大きな差が出るのです。

「子どものおこづかいごときに大げさな」と思う方もいるかもしれません。実際、この知識自体は、20歳になったころに身につけても遅くはないかもしれません。

しかし、子どものころであれば、教えられたときの「理解力」が違いますし、若いうちから経験を積むことでおのずと「商品選び」が変わってきます。

一方、何もしないでただ貯金だけしていた場合、退職金や年金を頼りに倹約生活でしのげる方もいるでしょうが、中にはゼロ金利でインフレリスクにもさらされ、老後に「お金が足りない！」と慌てる方も出てきてしまうかもしれません。体が健康なうちはまだいいとして、病気で働けない場合にはどうなってしまうでしょう。

将来に絶対はないからこそ、老後のためのキャッシュが手元に残るよう、子ども時代から自然にお金の知識を学ぶことが大切です。

節約、節約と言われて節約しかしてこなかった結果……人生を楽しめなかったと後悔する

お金を大切に扱うのは意味のあることですが、かといって使わないことが正しいわけではありません。

お金はものやサービスと交換すること、つまり使ってこそ意味があります。

もちろん、ムダ使いは論外ですが、それを危険視するあまり「節約しなさい！」とばかり、お子さんに言っていないでしょうか。

「節約しなさい！」だと、子どもは「お金を使わないようにしなさい！」と言われていると理解してしまいます。

つまり、「お金を使う＝悪」という考え方ですね。

しかし、例えば生活の潤いになる趣味や娯楽にも、お金はかかります。これらは悪でしょうか？

もちろん違いますよね。

欧米式のお金の教育では「節約」という考えではなく、お金の「分け方」と「使い方」が大切だ

と教えます。

そのため、貯金箱を複数に分けたり、自分の名前の通帳を作り、その中から「毎月自由に使えるお金はここまで」と決めることを覚えます。

お金をはっきりとした目的ごとに分けて管理することで、「節約」という言葉がなくても、「今月は○○円までは使える」という思考が働くようになります。

老後への不安が増す昨今、若い人たちの中には自分の楽しみも削って貯金に回している方も多くいます。

節約をすれば「お金」は確かに貯まりますが、貯めるだけで、趣味や旅行を楽しむこともなく老後を迎えてしまったら、きっと後悔することでしょう。しかし、後悔してもタイムスリップは不可能です。死んでしまったら、

お墓にお金を持っていくこともできません。

「使う」「貯める」「守る」のバランスをとる知恵も、お金の教育でこそ学べます。

株がよいからと知識もなくたくさん買ってみた結果……金融危機になり売り方を知らず株が紙切れに

投資の重要性をお伝えしていく中で心配なのが、「株がいいって聞いたからとりあえず買っちゃおう」というように、やみくもに投資をしてしまう方がいることです。

これまでも再三お伝えしたように、日本の預金金利は限りなくゼロに近く、資産を増やしていくためには投資をしていく必要があります。

とはいえ、「株価は必ず上がるのか？」と問われれば答えはＮＯです。今はどの株を買ってもほぼ上がるというような時代ではありません。「有名だから購入した」「自社だから株をたくさん買った」という人が、株価が紙クズ同然の価値になって困った……という相談も受けたことがあります。

以前、日本航空がトヨタ自動車と並んで鉄板株だった時期がありました。しかし、１９８５年の日航機墜落事故を皮切りに、87年に民営化、02年上場、10年上場廃止、12年に再び上場と、波乱万丈な経過をたどり、株価も大きなブレ幅を記録しました。「安定・大型株」と呼ばれていても、なにをきっかけに暴落するかわかりません。

投資に絶対はなく、基礎知識を得てからも、各企業の時価総額、チャートや運用関係の方針などなど、確認するポイントはさまざまです。

もちろん、それらを知るためには相応の時間や労力が必要となってしまいます。社会人になってから学ぼうと思うと、仕事や家庭との両立にも苦労されるかもしれません。

だからこそ、子どものうちからお金の教育を施し、しっかりと下地を作っていくことが重要です。

投資は長い目で見るべきだというお話を前

にも書きましたが、時間のメリットは学びにも共通します。若いころから少しずつ積み重ねていけば、大人になってから一夜漬けのように詰め込む必要もなく、自然に資産運用ができるようになります。

知識もなく高い保険にたくさん入った結果……老後の資金がなくなり不安

日本では以前、かんぽ生命の不正契約が問題となりマスコミをにぎわせました。私のところにも、それについてのご相談に来た方が何人もいらっしゃいました。

そんな中、30代の娘さんから寄せられた相談は「お母さんが私のために入ってくれたこれ、どんな商品ですか？」というもの。

お母様がかんぽ生命満期前に勧められて、とある商品に300万円で加入したそうです。内容は、35歳の娘さんが80歳になると99％のお金が戻るというもの。はっきり言って実質マイナスです。しかも70歳で解約した場合は、70％ほどしか戻りません……。

保険に加入する際に大切なのが、何歳まで払う設定か？　そして、満期金や払い終わった後の解約返戻金の推移などです。

10年後の設定か、「60歳になったら」などの老後資金用なのか。はたまた積立予定利率はどうなっているのかなど、よく考えて加入する必要があります。保険商品はたくさんあり、当然商品によって強み弱みもあるのです。

お金の知識はないけれど、お付き合いで保険に加入する……。そんな時代はとうの昔に終わっています。

また、ネット上では「ファイナンシャル・プランナーに気軽にご相談を！」などと書いてあるものを見かけますが、そのFPが経験豊かなのか、なりたてで営業に必死なのか、相手の顔が見えない以上は判断がつきません。大切な個人情報を渡し、お金を任せる相手と

考えると、安易な選び方はできないものです。

そのFPが信頼できるかを見抜くためにも、最低限の知識が必要になってしまうのです。

欧米のお金教育では、13歳までに「保険の仕組み」「消費者の意見」について学びます。残念ながら現在の日本には、このようなしっかりとしたカリキュラムはありませんが、本書を参考に各ご家庭でお金教育を施してあげれば、子どもたちが保険選びで失敗するリスクも大きく減らしてあげられるはずです。

銀行に言われるがまま金融商品を買った結果……他人を恨むことになる

私も銀行員だった時代があるのでよくわかるのですが、銀行（郵貯銀行含む）は、窓口で金融商品の勧誘があります。

それは、果たしてお客様の資産形成を考えたうえでの勧誘でしょうか？　よく考えてみていただきたいのです。

「あなたにとっては、家族構成がこうだからこれはこんな風に役立つ」などというアドバイス、よく聞きますよね。恐らくそのときの説明は「この商品の特徴は……」という部分のみ、だったと思います。

例えば、こんな商品を説明されたことはありませんか？

「特別キャンペーン3カ月もの年利5％」

こう聞くと、単純に1万円を預けたら500円増えると思ってしまっていませんか？

金利計算の基本は、利子（増えるお金）＝元本（運用する元のお金）×金利（年率）×期間（年数）です。

つまり、金利とは、1年間運用したら得られる利子のこと。期間が1年間である場合以

外は、運用期間に合わせて算出する必要があります。

利子500円＝元本1万円×0・05％×1年

1万円を1カ月の運用の場合は、1年＝12カ月なので、12で割ります。

元本×金利÷12（期間）

元本1万円×0・05％÷12×1カ月＝41・6円

3カ月の場合には、元本×金利÷12×3（期間）

元本1万円×0・05％÷12×3カ月＝124・9円

つまり、1万円を3カ月だけ預けた場合、金利で増える額は124・9円になります。

このように式にすれば簡単なトリックですが、窓口でややこしい専門用語を交えながら説明されると、実にわかりにくいものです。

しかし、窓口の担当はあなたをだまそうとしているわけではなく、単にあなたのお金の残高やある程度の資産がわかったうえで、マニュアルに沿って「商品」を説明しているだけなのです。銀行も企業であり、自社の利益を追求するのは当然のことで、ここで銀行や、ましてや窓口を恨んでみてもなにも始まりません。

お金の知識を得ていく中では、金利の考え方は非常に重要なポイントになります。それが資産の増加率に直結するので、当然ですよね。

子どものころからきちんと利率を意識する習慣がついていれば、このような商品に惑わされることはなくなります。

特別講義

お金にも「避難訓練」を

地下鉄サリン事件や阪神淡路大震災など、事件や事故、災害で親を亡くしてしまい、子どもだけで生きていかなければいけない。そんな状況は、決して対岸の火事ではありません。私も実際に、前出の事件・災害の際に、遺されたお子さんたちへの寄付や、話し相手になる活動をさせていただいたことがあります。

今後、東京などでも大地震が起こるといわれている中、今から備えておくことはとても大切です。しかし、株式会社バンダイの調査によると、家庭の防災対策について「子どもと話し合っている」と回答された方は2割にも届きません。ましてやお金についての備えとなれば、限りなくゼロに近いと言って差し支えないでしょう。

防災であれば、私は「防災ピクニック」をオススメしています。

地域で決められた避難場所まで、おにぎりや水筒を持って家族で行ってみるんです。その際は、

「どの道で行くのが安全か」「道路が渋滞したらどうなるか」「水飲み場はあるか？」など、親子で話し合いながら歩いてみます。

災害時をイメージすることで、避難ルートだけでなく、「スマホだけじゃなく充電器もないとダメだね」とか「意外とごみ袋があると役立つね」など、さまざまな気づきにつながります。

一方、「お金の避難訓練」というものもあります。

これは家族に万が一のことがあった場合に、お金の保管場所やパスワードをわかるようにしておくこと。

例えば交通事故で両親を亡くしてしまった子どもは、その後どうやって生活をしていくのでしょう。貯金は？　保険は？　不動産は？　何もわからない状況で、路頭に迷っている子どもの姿なんて、親ならば見たくないはずです。

そこで、両親になにかあったときのために、大切なことを記したノートを作っておいていただきたいのです。

次ページに、ノートに書いておいてほしい項目を並べてみました。いきなりすべてを書いていただく必要はありません。

まずは自分に当てはまる項目や書きやすい項目だけで大丈夫なので、お金の避難訓練ノートを作ってみましょう。

そして、貯金箱や通帳などとあわせて、子どもにも保管場所を教えておきましょう。

もちろん、その際には、他人に場所を教えてはいけないことを、きちんと話しておくことも忘れずに。

〈お金の避難訓練ノート　項目リスト〉

□家族　名前　続柄　生年月日　血液型

□現在の会社名　学校名

□趣味　特技　好きな食べ物

□ペット　名前、年齢（生年月日）

種類、かかりつけ医院　連絡先

好きな食べ物、散歩についてなど

死んだ場合の納骨などの希望　連絡先

□個人情報　ＩＤ　パスワード

インターネット、スマホなど

□大切な番号

免許証、保険者番号、クレジットカード、ポイントカード、マイレージ、マイナンバーなど

□医療、介護（ケガ）

かかりつけ医院　先生　連絡先

介護になったらどうしたいか

重度になったら、施設か自宅か

お金はどこから捻出するか

延命治療について

アレルギー　常備薬

薬履歴や薬手帳（保管場所）

□銀行

銀行名　支店名　種類　口座名

連絡先　通帳印鑑保管場所

□保険

会社名　担当者（必須）連絡先

種類　証券番号　契約者名　被保険者名

受取人名　証券保管場所

□証券

会社名　担当者（必須）　連絡先

種類　証券番号　契約者名

名義変更の場合、誰に希望か

証券保管場所

□投資
会社名　担当者（必須）連絡先
種類　証券番号　契約者名
名義変更の場合、誰に希望か
証券保管場所

□親しい人の名前　連絡先
誰の親しい人か

□避難場所
災害が自宅近辺・会社近辺・学校近辺の
場合

場所　連絡手段
場所不明な場合の連絡手段

□避難時に必要なもの
携帯　充電器　財布　保険証
マイナンバーカードなど　免許証
ノートはスマホなどで撮影して保管
ゴミ袋数枚　タオル　下着類
数日分の重くない長期保存可能な食料
水　普段必要な常備薬やメガネなど

□葬儀の希望

□遺言書の有・無
自筆証書　公正証書　秘密証書
どれかチェック
□高度障害、死亡の際に連絡したい人
名前　連絡先　間柄

□メッセージ
父から子どもへ／母から子どもへ／子どもから父へ／子どもから母へ
□夢計画（自由に）
3年後／5年後／7年後／10年後

第4章

今日からできる!
就学前、小学生、中学生、高校生

年齢別お金教育【実践編】

【就学前】

●貯金箱にお金を入れるクセをつける

効果抜群なのは、透明なビンを使うこと。

当たり前ですが、いきなり「貯金しなさい」と言っても、小さいお子さんでしたら貯金の意味も価値もわかりません。貯金箱がどういうものかも知らないのです。

そこで、透明なビンを使うことで、お金が貯まっていく様子がわかり、少しずつビンが埋まっていくことに楽しみを感じてくれるかもしれません。

さらに、お子さんが好きな絵やイラストなどを描いたラベルを貼ってあげると、「自分のもの」という実感が生まれるのでオススメです。

そして、貯金が習慣になるよう、おじいちゃんやおばあちゃんからのおこづかいもこのビンに入れるように教え、入れるたびにお子さんの話を「聞いてあげる」「ほめてあげる」ことをしてあげてください。

パパやママのこの対応によって、子どもはそれを「よい習慣」なんだと感じることができるのです。

また、簡単には取り出せないものであるということを、認識させてあげるのもよいでしょう。

●貯金箱はふたつ用意する

貯金箱はふたつ用意してください。

そして、ひとつ目は自分のため、ふたつ目は誰かのため、というかたちで分けてあげましょう。

ただ、貯めるだけでは、十分ではありません。

ふたつの貯金箱を、「なんのために使うか?」で分けてあげることで、子どもは「お金を使うために貯める」ことを学びます。さらに、計画に応じて資産を分類する、という考え方も身につきます。

また、誰かのために貯めたお金を、実際に募金などで使うことで、人の役に立つ経験を学べるというのも大きな利点です。

そして、もしお子さんがこれに慣れたようでしたら、貯金箱をもうひとつ増やし、「将来の目的のため」の貯金もさせてあげるのが効果的です。

ちなみに、私は絵の具のようなもので貝殻やカメやクジラを描き、全体をブルー系で統一したビンと、ピンク系のお花の絵を描いたビン、そしてペットの絵を描いたビンに分けていたのを覚えています。

色や絵で分けてあげると、わかりやすいですし、楽しいですよね。

●ワンランク上のお店屋さんごっこをする

欧米での暮らしの中で、今も印象的に記憶に残っている光景があります。

それは、子どもが自宅の前に作ったジューススタンドでした。

必要なものを買いたいけれどおこづかいでは足りないとき、もしくはボランティアのための資金

を集めようとするときには、大人にも手伝ってもらい、実際にジュースを販売していたんです。

しかも、ただ商品を並べるだけでなく、「宣伝」もして「売れる商品作り」も工夫していたのには驚かされました。

楽しく休日をすごしながら、「売る」「喜ばれる」「お金を受け取る」という体験は、お金を大切に扱う大きな経験にもつながります。

ここまで本格的なものではありませんが、日本でも「お店屋さんごっこ」というものがあります。学校教育の現場でも少しずつ目にする機会が増えてきましたが、私の娘が通っていた幼稚園でもそんなイベントがあり、一緒に参加した記憶があります。

先生や家族、そして園児が店員やお客さんになって、さまざまな商品を売買する体験です。「ごっこ＝真似」ですが、子どもは大人の真似が大好きです。好きなことは楽しく覚えることができるので、もしそのようなイベントが身近にあったら、ぜひ親子で参加してみましょう。

もちろん、学校などでやっていない地域もあると思います。

その際はご家庭でのお店屋さんごっこをオススメします。「いつもやってます！」というお宅も多いとは思いますが、いつも以上に準備をしっかり整えてやってみていただきたいのです。

「看板」「レジ」「お財布」「お金」「お店の雰囲気」「係」「買い物袋」「カゴ」など、お子さんがお店をリアルにイメージできるような小物や設定を、話し合いながら作っていきましょう。そして、「何屋さんか？」や「いくらで売るのか？」なども楽しく相談して決めていきましょう。

このとき、大人は子どもに対して、はげましたり、ほめてあげたりするのも大切です。

お店屋さんごっこの最大のポイントは、お金と引き換えに品物を「売る」「買う」という体験をすることです。店員さん役になったら「いらっしゃいませ」「どれにしますか？」「ありがとうございました」をしっかりと言い、受け取ったお金はきちんとレジ用の箱に入れます。

作りもののお金であっても、実際のお金と同様に丁寧に扱うこともポイントです。

また、お金と引き換えに商品を渡す際には、「受け取り金額が合っているか？」を、必ずお客さん役と店員さん役の2人で確認しましょう。品物ちゃんと買い物袋かカゴに入れ、最後まで大事に扱うのも忘れずに。

お店屋さんごっこを終えたら、必ず「うれしかったこと」や「楽しかったこと」などをお子さんと話し合ってください。お子さんの口から「次はこうしてみようかな！」「こんなお店にした方がいいかも！」という提案が出てきたら大成功です！

ほしいものが簡単には手に入らないことを知る

子どもにとって、お店はまさに楽園です。

スーパー、コンビニ、家電量販店にホームセンターなど、行く先々に興味があるものがずらりと並び、ものによっては実際に触れることもできてしまいます。

それをほしがるな、という方が酷な話でしょう。

しかし、ほしいからといってなんでも与えてしまっては、「買い物へ行くたびに買ってもらえる」と子どもが勘違いをしてしまいます。

買ってもらえないと知った子どもは、泣きわめいて反抗するかもしれません。それでも、泣いたからといって手に入らないものがあること、我慢すべきことを根気よく理解させましょう。

泣いているときに説明しても、頭に入らないかもしれません。家に連れ帰り、少し落ち着いたときを見計らって、話をしてみてください。

そのときは貯金箱を前に置き、そこにいくらのお金があり「それを使ってどうしたいのか？」「な

にができるのか?」を一緒に話し合ってみましょう。

また、「お買い物につき合ってくれて、カゴも持ってくれたら、2回に1回だけ、100円で買えるものを一緒に選ぼうね!」などというルールを作るのもよいでしょう。

前回買ってもらったから今日は我慢しようと、子ども自身が考えられるようになります。

種から花を咲かせる

子どものころ、花を種から育てた経験を今でも覚えています。
「花を育てる」ことと「お金を育てる」ことは、とても似ています。「将来のために勉強をしなさい」「将来のためにお金をためなさい」と言葉にして伝えるより、この時期は、種から水をやって花を育てたり、肥料や水や日あたりを工夫して野菜を育てたりする経験から多くのことが学べます。
種から花や野菜ができたときの喜びはもちろん、花を部屋に飾って家族を楽しませたり、野菜を料理に使って「おいしいね!」と喜んでもらえる体験はなにものにも代えられません。

また、種をまいてもすぐに花が咲いたり、実がなったりするわけではなく、少しずつ芽が出て育っていきますよね。そんな「植物を育てる過程」を経験した子どもは、じっくりと時間をかけておこなうことになる「お金を育てる」ことにも同じように前向きになれるのです。

一緒に寄付をにしに行く

お金が足りている人と、足りていない人の違いを感じてもらうことも大切です。

その第一歩は絵本でもよいでしょうし、この地球には、1日に一度しか食事ができない人や、学校にも行けない子どもたちがいることを話して聞かせてあげてもいいでしょう。

6歳の少年が歩道に小さな机を置いて勉強している外国の写真が、SNSで拡散されて話題になったことがありました。

しかし、それはごく一例で、日本で暮らしていると、世の中には貧しい人々がたくさんいることになかなか気づくことができません。

そこで、そんな写真や映像を見せながら、「この貯金箱にパパやママのお金を足したら、あの少年はきっと助かるね」といった言葉をかけてあげてほしいのです。

きっと、子どもなりに一生懸命考えることでしょう。また、家族に守られているだけの立場から一転、自分が誰かを助けられるかもしれないという責任感ややさしさも芽生えるかもしれません。

お金がいかに大切かは、絵本や動画がきっかけでも、深く印象として残ります。

このような話がきっかけで、ある男の子は、ものがいつも散乱していた机を自らきれいにし、本を読んだり、文章を書いたり、真剣な姿を家庭で見せてくれるようになったと、喜んで教えてくれたママさんがいました。

小さくとも、感動は深く心に刻まれるものなのです。

おこづかいを交渉で決める

これまでの章でも触れてきましたが、日本では、おこづかいは毎週や毎月の決まったタイミン

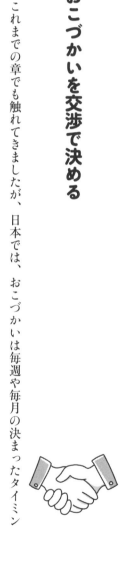

グで、そして値段も年齢に応じて自動的に上げていく、というご家庭が多いかと思います。

しかし、再三の説明になってしまいますが、それでは子どもたちは「お金は定期的にもらえて当たり前」「年齢が上がればもらえる金額が上がって当然」という考え方になってしまいます。

子どもに与えるおこづかいは、交渉で決めましょう。

これを始めるタイミングは、小学校に上がる前後くらいからでもよいと思います。

この時期は、鉛筆やノートなどの文具品や、お友だちを自分の家に招いたり、また友だちの家に遊びに行ったりしたときのお菓子など、必要なものが増えてきます。

また、学校や塾（公文など）が増えてくると、今まで目にしなかったものに触れる機会も増え、必然的に「ほしいもの」が出てくる時期です。おこづかいを考えるには、うってつけの時期と言っていいでしょう。

とは言え、最初から交渉ができるわけではありませんよね。

まずは、「おこづかい」の存在について教えてあげましょう。そして、その必要性も伝えます。親や家族から与えられるお金。そして、自分のものになるお金。最初はピンとこないかもしれません。

それまで、おこづかいをもらっていなければ、「いくらほしい？」と聞かれても、キョトンとしてしまいますよね。そんなときは「この前食べたがっていたゼリーは1個20円だよ」とか「いいにおいのする消しゴムは1個100円だよ」など、身近なものや子どもがほしがっていたものを例えに出すとよいでしょう。これによって、「なんのためにおこづかいがほしいか？」という目的もはっきりしてきます。

そして最後に大切なのが「そのためにはなにを目標にしようか？」という問いかけです。おこづかいはなにもしなくてももらえるもの、ではなく、なにかを達成してこそもらえるものだということを、はっきりと教えてあげてください。

毎回交渉をする、となるとあげる側も負担に感じてしまうかもしれませんが、最も大切なのは習慣づけることです。あまり厳格にとらえず、「お子さんと会話をする機会」くらいに考えていただき、楽しみながらおこなっていただければと思います。

【小学生】

「貯める箱」以外の「預金」の仕組みを知る

お金について学んでいくとき、避けては通れないのが銀行の存在です。

その仕組みや主な役割は、これ以降のお金教育にも深く関わってきますので、ぜひしっかりと教えてあげてほしいと思います。

銀行はみんなの預金で集まったお金を、必要な人に貸し出したり、それを運用したりして、お金を増やしています。

まず、みんなの「預金」。お子さんにとってわかりやすいのは、もらったおこづかいやお年玉、入学祝いでしょう。

そのまま家に置いておくと、なくさないか心配です。かといって、もらったそばから全部使ってしまっては、後でほしいものが見つかったときに困ります。そんなとき、お金を安全に預かってく

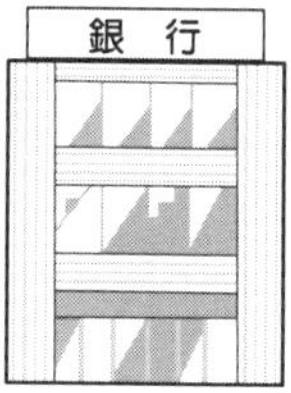

れるのが銀行で、このとき預けたお金を「預金」と呼びます。

銀行にお金を預けると、銀行のなかに「預金口座」という、あなただけの入れものができます。口座を作ると、通帳とキャッシュカードがもらえます。この通帳と印鑑、またはキャッシュカードを、銀行の窓口や各地にあるATMに持っていけば、簡単に預金することができます。

（このとき、できれば通帳やキャッシュカードの実物を見せてあげると、お子さんも理解がしやすいでしょう）

逆に、預けたお金を引き出すこともできますが、これには手数料がかかります。

また、銀行にお金を預けると、「利息＝おまけのお金」がついてきます。このように、お金を預けておくだけで、お金が増えるのも銀行の特徴と言えるでしょう（ただし、今は低金利でほとんど利息がつかない、という点も説明してあげましょう）。

続いて、銀行の役割のひとつである「貸し出し」です。

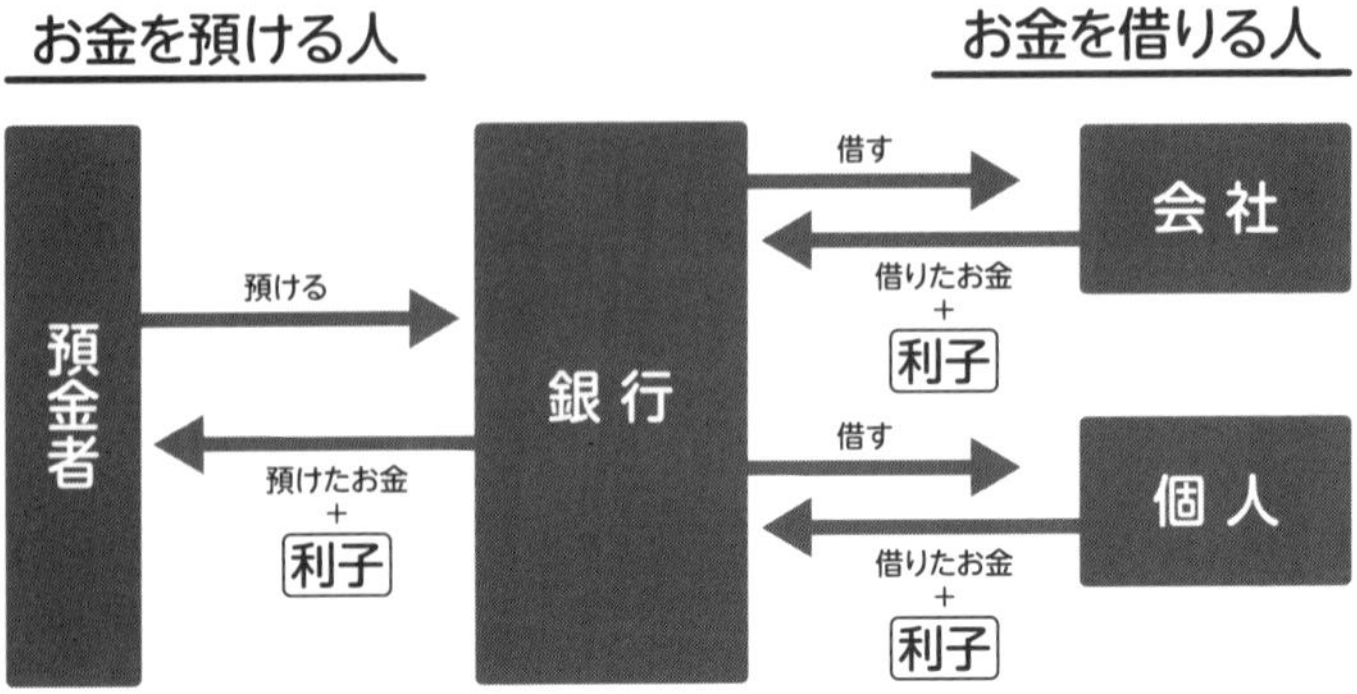

銀行は、みんなから預かったお金を、必要な人に貸し出します。

例えば、家を建てたり、車を買ったりするとき、たくさんのお金が必要になります。そんなときは銀行の出番。お金を借りたいという人と、どれくらいの金額を、どれくらいの期間で貸し出すかを相談して決めます。

そして、お金を返してもらう際、貸した分のお金のほかに「利息」をもらいます。先ほど、預金のときにも出てきましたが、あちらは銀行が預金者に払う「利息」。対して、こちらは銀行がお金を貸した人からもらう「利息」です。ポイントは、前者より後者の方が利率が高く設定されているところ。この差額が、銀行の利益になります。

このほか、銀行は集めた預金で投資をおこない、そこからも利益を得ています。

非常に大まかな説明ではありますが、まずはお子さんに、銀行という組織・仕事が世の中にはあるんだ、ということを教えてあげてください。

子どもの貯金に手をつけてはいけない

「そんなのは当たり前じゃないか！」と思う方がほとんどかもしれません。

しかし、大人が管理をしている感覚でいると、思わず使ってしまうことが少なくありません。ふとしたときに通帳からおろして使ってしまい、どうせ子どものために使ったのだからと自分に言い聞かせているママさんや、子どもの貯金箱からこっそりお金を借りて、後で返しているというパパさんが実は意外と多いのです。

これはNG行為です。

子どもにとっては「自分の大切なお金」なのです。それを勝手に使ってしまうのは、種をまいて水をあげている最中に、種を掘り出してしまっているのと同じ行為です。

自分の貯金を「自分だけのお金だ」と思えることは、とても大切なことです。家族であっても、別の誰かが好き勝手に使ってしまっていたら、そもそもためる気も起きません。大切なお金を貯めようという、子どもの気持ちを奪わないであげてほしいのです。

子どもにバレなければいい、ということではありません。子どものお金に対して、親御さんがあいまいなスタンスでいることは、さまざまなかたちで子どもにも伝わってしまうものです。

逆に、ここでしっかりと親が配慮し、尊重することが、子どもの独立心を育て、希望も育ててくれます。ひいては計画的にお金を貯める意欲にもつながるのです。

「金利」の仕組みを知る

預金通帳を子どもの名前で作った後、わずかでも金利がついたら、ぜひそれを子どもに話してあげましょう。

銀行は預金をしてくれた人へ、金利というプレゼントをしてくれます。

「貯金箱と貯金」の違いは大人であれば理解できていても、小学校の低学年では、意味をしっかり説明してあげなければわかりません。

貯金箱なら目の前にあるから、何かあればすぐに出すことができるものの、銀行の預金は、銀行かATMの機械まで行かないと引き出すことはできないこと。そして銀行は、そのお金で〝お金を働かせる〟こと。人やお店などにお金を貸してあげてお金を増やしており、そのお礼として「金利」がもらえるんだということを説明してあげましょう。

その金利は、預けた次の日にもらえるのではなく、時間をかけて後から受け取ることができるプレゼントです。

欧米式のお金教育では、金利のプレゼントの大きさや、その変化の話もしてあげています。

現金とキャッシュレスの違いを知る

この時期になると、学校や習いごとで電車に乗る機会が増え始めます。

その際、今であれば大半のご家庭がSuicaやPASMOなどのICカードを使っているのではないでしょうか。お金が足りなくならないよう、オートチャージを設定している親御さんも多いことでしょう。

オートチャージシステムはお金が見えない状態で支払われます。子どもの目には、何度でも無尽蔵に使えてしまう魔法のカードのように映ってしまうかもしれません。

だからこそ、カードを利用させる前に「現金とキャッシュレスの違い」をきちんと教える必要があります。

欧米では、クレジットカードの使い方を日本でいう小学校低学年から学びます。

それはカードが時に「危険」なものにもなり、乱用することで「信用力」の低下につながる可能性があるためです。「ものを買う→お金を借りる→期限までにお金を返す」という仕組みを学ばせる必要があるのです。

教え方としては、「（カードであっても）お金は使うと減ること」「足りないから買えないものがあること」「カードはあくまでお金の支払いを先延ばししているということ」を伝えるのが基本になります。

「カードを失くすと危険」だから「保管方法にも気をつけるべき」ということも併せて教えましょう。

お手伝いを習慣化する

小学生になると、お金を得ることにも興味が湧いてきます。

友だちとこづかいの額を比べたり、ときには足りないからと「お手伝いするからおこづかいちょうだい」と言ってくるかもしれません。

しかし、「家のお手伝いをする＝おこづかいがもらえる」という意識が子どもに定着してしまうのは考えものです。

自分の部屋を片づけたからいくら、洗濯物をたたんだからいくら、ベッドメイキングをしたからいくら、と際限なく要求がエスカレートし、お金がないから手伝いをする、という思考になってしまいます。

そうなる前に、「家族の一員であれば、家事を手伝うのは当たり前」ということをしっかり教えなければいけません。

自分のものや部屋を片づけるのはもちろん、リビングやお風呂場、トイレなど、家族の共有ス

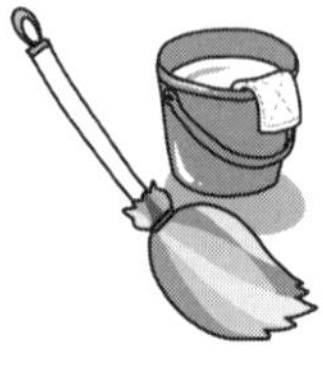

ペースをきれいにしたり、みんなが食べた食器を洗ったり、自分以外の家族のために動くことがお手伝いです。

終わった後、大人がしっかりとほめてあげることができれば、子どもはお手伝いから仕事をやり遂げる喜びや達成感を学びます。また、自分以外の誰かを助ける大切さや責任感も育むことができるでしょう。

お手伝いにおこづかいという報酬はいりません。親や家族からほめられる、ということ自体が、子どもにとっては大切な報酬になるからです。

また、お手伝いの習慣がついてきたら、「より効率的にやるにはどうしたらいいか?」「どんなふうに計画的に進めたらいいか?」などを一緒に考えてあげてください。制限時間を決めて、終わらなかった場合の罰ゲームなども決めておくと、より積極的に考えるようになるのでオススメです。

欧米では、家事を手伝う子どもの方が、大人になったときに成功しやすいといわれています。ぜひ積極的に活用していきましょう。

買い物にひんぱんに連れて行く

おもしろそうなものや新しいもの、友だちがうれしそうに持っているものを見たら、自分もほしくなってしまうのは自然なことですが、ひとつ大切なポイントがあります。それは「子どもは値段を見ない」ということです。

ケーキのショーウィンドウを見つけて「おいしそう！」と駆け寄った子どもがいたとします。この子がケーキを選ぶ基準は値段ではなく、おいしそうな雰囲気やいかにチョコレートがたくさん乗っているかなど、単純な動機です。値札はまず見ていません。

そこで、実際にお金を持たせて、買い物に連れて行ってみましょう。

たとえば５００円以内でほしい商品を選ばせて、おつりは貯金箱に入れていいよと教えます。

もちろん、これはお金教育の一環ですが、子どもからしてみれば「お買い物について行ったら５００円がもらえる！」と勘違いしてしまうかもしれません。そのため、「いつもより重い荷物を持ってくれたお礼で」とか「ママの体調が悪いのを気遣ってお荷物を運んでくれたから」など、普

段のお手伝いとはちょっと違う、特別な理由を添えてあげていただければと思います。

こうすることで、子どもにとってお買い物がさらに楽しいものになりますし、繰り返すことで、おつりがたくさんある方がうれしいことに気がつくかもしれません。そうなれば、ものをむやみにほしがったり、おねだりしたりしなくなるだけでなく、高いのか安いのかを見比べて判断することができるようになります。

また、子どもと買い物に行く際には、ずらりと並ぶ商品の中で「どれがよいか?」を話しながら選びます。例えば、オレンジは安いノンブランドのものでもいいけど、ハンドソープは少し高くても、肌に影響のある物質が入っていなくて、環境にやさしいものを買うのよ、といった具合です。

つまり、安いものが必ずしもよいわけではなく、場合によってはケチらない方が大切ということを自然と教えてあげるわけです。

レジでの支払いに立ち会わせる「リアリティ・チェック」も、活用すれば多くのことを学ばせることができるのでオススメです。

レシートがあれば返品可能だということも教え、レジのスタッフさんに返品条件を聞く際も子どもを連れていれば、一度買った商品であっても雑に扱ってはいけないことがわかります。

街のスーパーなどには募金箱が置かれていることもあります。募金先が信頼できるものであれば、一緒にいくらかを寄付するのもよいでしょう。

お買い物で学べることは、本当にたくさんあります。家の中で言葉だけで教えるよりも、はるかに理解しやすく実体験で学べるので、子どもにとっても「お買い物＝何か買ってもらえる」というだけの思考ではなくなります。

労働と賃金について考える

日本で仕事をしていい年齢は、中学校を卒業（満15歳の3月31日）してからと決められています。ただし、中学生でも労働基準監督署の許可を取れば、学校の授業時間外に新聞配達などの健康や福祉に有害ではない仕事ができます。

テレビや映画などで活躍する子役が小学生以下でもできるのがよい例ですね。

実は、私も子どものころに少しだけテレビに出演したことがあるのですが、その後で銀行の通帳にお金が入っていたのを確認した記憶があります。

大人が「働く」と聞くと、会社員を連想してしまいがちですが、働くということは必ずしも組織に入ることではありません。起業はアイデア次第で可能ですし、実際に欧米では10歳くらいで起業している子どもたちが何人もいます。ゲームやキッチンの便利グッズ、アプリ開発にネットのアイデアなどなど、その方向性もさまざまです。

どうせ欧米だからでしょ、と思われるかもしれませんが、若い起業家は日本にもいます。

わずか9歳にして、原子の化学結合を遊びながら学べるカードゲームを開発した少年は、その後、小学6年生で累計10万部を販売するカードゲーム販売会社の社長に就任しました。

また、自家製プリンの作り方をお母さんから教わって、それを自分なりにアレンジして販売したところ大ヒット。地元だけでなく遠方からもお客さんが買いに訪れる人気商品になったという、女子小学生の経営者もいます。

会社の設立は通常、印鑑証明が取得できる15歳以上からとなっていますが、それ以前でも、税務署に開業届を出せば個人事業主にはなれます（※親の同意が必要）。

本当に起業するかどうかはさておいて、お子さんに起業は何歳からでもできること、同世代で実際に起業している子どもがいることをぜひ教えてあげてください。

そのうえで、「自分だったら、どんなものを売りたい？」「どんなビジネスを立ち上げたい？」という具合に、子どもとコミュニケーションをとっていきましょう。

それまで自分とは無関係だと思っていた仕事やお店も「自分だったら……?」という視点が加わるだけで、ガラッと違う見え方になり、それが子どもの視野を大きく広げることにもつながります。

パパ・ママ・家族のお仕事について話す

子どもたちにとって、一番身近な社会人はもちろんパパやママなどのご家族です。
お子さんは仕事の内容は知らずとも、日々の親の顔色から、仕事ってこういうものなんだ、とイメージをふくらませています。
そこでぜひ、みなさんのお仕事の話をお子さんにしてあげてほしいのです。そして、なぜその仕事をしているのかも、話して聞かせてあげてください。
事業経営者であれば「こんなアイデアを思いついたから」というのでもいいですし、教師であれば「子どもの学ぶ姿勢が好きだから」、医師であれば「病気の人を治してあげたいから」、看護師や介護士であれば「喜んでもらえる」「感謝される」「笑顔が見たい」など、なんでも構いません。

お金以外でその仕事が好きな理由を伝えましょう。

給料が高いだけで、仕事や働く分野を選ぶと大失敗しかねません。合わない仕事を給料のためと割り切って我慢することもできるかもしれませんが、長続きするかといえば疑問が残ります。

自分が長く楽しめる仕事を選ぶことが大切なわけですが、それを頭ごなしに伝えても、小さいころはピンときませんし、大きくなってからだと「そんなことわかってるよ！」と反発されてしまうかもしれません。

だからこそ、子どもには親御さん自身の仕事に対する意識や考え方を、見本として示してあげてほしいのです。

子どもは親の表情を敏感に読み取ります。仕事が嫌い、とにかく大変……という顔をしていると、子どもは働くことにネガティブな印象を持ち始めてしまいます。ぜひご自身のお仕事を振り返って、よい点を思い浮かべるようにしていただきたいと思います。

もし、「仕事の話を子どもにどう切り出したらいいか悩む」という方がいたら、クイズ形式にしてみるのもオススメです。

「パパ・ママってどんなお仕事をしていると思う？」と投げかけてみてください。予想外の回答が返ってきたりして、子どもの視点に驚かされることもあるかもしれませんよ。

道具はたくさんあった方が便利なことを知る

「お金が好きですか？」と聞かれて、「嫌い！」と断言する方は少ないと思いますが、一方で日本には「金儲け」ということにマイナスなイメージを持たれている方も少なくありません。

しかし、お金は本来、ものやサービスと交換する道具でしかなく、それ以上でもそれ以下でもないのです。

欧米やユダヤの富豪の間でよく使われる格言に、「金は道具である。道具に支配されるものなどいない。だから、道具はできるだけ多く持っていたほうがよい」というものがあります。

例えば、歯をみがくときには歯ブラシが必要ですし、スープを食べるにはスプーンがあると便利ですよね。そして、歯ブラシやスプーンを手に入れるためには、お金と交換することになります。

お金がいっぱいあるということは、歯みがきや食事など、自分にとって必要なことをするための

道具をたくさん持っているということです。

逆にお金がないということは、このような当たり前のことすらできなくなるということ。食事も満足にできず、歯みがきもできなかったら、心もすさんでいってしまいますよね。

そう考えていくと、お金が心の余裕や豊かさにつながると言えるでしょう。

日本でお金の教育が定着していない要因のひとつに、お金に対する誤ったイメージがあります。お金は汚いものではなく、生活に必要な道具であり、それ以上でもそれ以下でもありません。小学生のうちから、この基礎的な価値観をしっかりと根づかせておくことが大切です。

オンラインでの個人情報管理に注意する

新型コロナウイルスの影響もあり、日本でもオンライン授業にネット通販など、よりインターネットを活用した生活が広がっています。

気軽で手軽なのがこれらの魅力のひとつですが、個人情報を悪用される危険性もはらんでいます。

オンライン上に個人情報をさらしてはいけない。このことを小さいころから繰り返し言って聞かせましょう。

特に、自分の名前、親の名前、住所、誕生日、学校名、電話番号、メールアドレス、自分や家族の写真、社会保障番号（日本のマイナンバー）。そしてもちろん、クレジットカードの番号やパスワードは、親の了承がないかぎり、どこにも出してはいけないことを徹底させましょう。「個人情報は出しちゃだめ」と言っても、子どもにとっては「個人情報」が何を指すのかわかりませんし、明確な線引きは難しいものです。だからこそ、具体的な項目をあげて説明することが大切です。

アメリカでは、子どもの信用履歴をチェックすることが可能な「AnnualCreditReport.com（アニュアルクレジットカード・ドットコム）」というサイトで、14歳以下の子どもの個人情報が盗まれていないかを確認できます。

安易に個人情報を公開してしまったことで、これを悪用され、勝手に買い物をされたりお金を引き出されたりすれば、子どもや家族の信用が損なわれてしまうことがわかっているからです。

個人を守る観点から、InstagramもFacebookでも、13歳未満の子どもの利用は認められていません。

もしもお時間があれば、お使いのソーシャル・メディア・サービスのプライバシー規約を読んでみてください。気軽に使っているネット上の多くのサービスが、どれほどユーザーのデータを収集しているのかがわかり、ショックを受けると思います。

「株式」についての正しい認識を養う

この本をご覧いただいている親御さんやご家族の方が、初めて株式の存在を知ったのは何歳くらいだったでしょうか？

私の場合は幼稚園のころ、祖父母から聞きました。

欧米式のお金の考え方を持っていた私の祖父母の周りや、子ども時代をすごした欧米では、朝のゴミ捨て場や幼稚園の送り迎えのバス停前での雑談の内容が「テレビも進化を遂げているから○○の会社の株は上がりそうね」「社会貢献しているあの会社はすばらしいから、投資をしてみたのよ」「あなたはどの銘柄に注目しているの？」という調子だったので、幼かった私も自然と株の存在を知っていました。

しかも、ただ名前を知っていただけではなく、「同時にどんな会社を選ぶのがよいか？」「よい会社とはなにか？」という知恵もたくさん耳にしてきました。そして、よい会社には投資が集まり、より大きく成長していくということも学びました。

株を買うということは、単に「値上がりしそうな株を買い、差額で儲ける」ということではなく、その会社に投資して成長をうながす株主になることです。

この認識の違いは、その後の投資スタンスはもちろん、お金に対する考え方全般に大きな差を生み出します。ぜひ、頭がやわらかい小学生のころに、正しい知識を伝えてあげていただきたいと思います。

具体的には、株価のチャートを一緒に眺めてみることから始めましょう。

数字で株価の動きを見せられてもわかりづらいですし、ビッシリと並んだ数字にアレルギー反応を示してしまうお子さんもいるかもしれません。

その点、折れ線グラフで作られたチャートであれば、値動きが一目瞭然です。

Yahoo!でもGoogleでも構いません。「〇〇（調べたい企業名）　株式　チャート」と打ち込んで検索すれば、すぐにチャートが表示されます。

お子さんの好きな商品を出している企業や、よく行くレストランチェーンなど、身近な会社だとわかりやすいでしょう。

そして、1日、5日、1カ月などの短期と、1年、5年、それ以上などの長期、それぞれの値動きを確認します。

このとき、くわしい親御さんならば、詳細な説明をしてあげるのもよいですが、あまり複雑なことを一度に言われても、子どもがパンクしてしまいます。まずは折れ線が右上に上がっている場合は、みんなが株を買って投資をしているということで、逆に下がっていたらみんなが株を売っている、つまり会社を応援する人が増えたり減ったりしている状況ということを教えてあげるだけでも十分。

そして、少し余裕が出てきたら、「なんでこのときに上がったんだろう?」「下がったんだろう?」という問いかけをしてあげてもよいでしょう。

チャートは普通、上下動を繰り返し、その軌跡はジグザグになります。下がったときこそ「買う」タイミングだと思ってしまいがちですが、どんなプロであっても、「今が一番下がっている」とは断言できません。チャートを定期的に眺めているだけでも、そのことが肌感覚でわかってくるはずです。先の動きがわからないからこそ、短期・長期の値動きを見ることや、応援したい会社を見つけることが大切です。

日本にはお金についての意見交換をする場が極端に少なく、お金の話自体を避ける風潮がありま す。この株についてのレクチャーをきっかけに、ぜひ家族内でお金や投資の話題を増やしていって いただければと思います。

新しいものを買ったら古いものを捨てる

「ものは大切にしなさい」そう教えられて育った方は多いと思います。

しかし、大切にしすぎるあまり、ものがあふれてしまっては、もはやそれが「大切だから」なのか、「捨てられない」だけなのかもわからなくなってしまいます。

自分の机やテリトリーの中をきれいに整えておくということは、見た目の清潔さ以上に、自分の持ちもの（＝資産）をきちんと自分で把握しておくことにつながります。

増えすぎたものを「捨てる勇気」を持たせるためにも、欧米には「新しい何かを買ったら、古いものは寄付するか、必要な人にあげるか、捨てる」という習慣がありました。

とはいえ、日本では寄付先やあげる相手が見つからないことも少なくないので、専用の箱や袋を置いておき、「サイズが合わなくなった服や靴」「不要になったもの」があったらその中に入れておく、というルールを作るのもひとつのアイデア。

大切なのは、何か新しいものを手に入れたときは、必ず古いものを見直す、という習慣をつけていくことです。

子どもが幼いころに作った工作物などの「思い出の品」についても、ずっと残したいものなのか、それとも写真に残しておくだけで十分なのか。本人を交えて定期的に相談する機会を設けましょう。

【中学生】

子ども自身で銀行に口座を開設する

お年玉などを貯めておく子ども名義の口座は、もっと早い時期から作っていることでしょう。ここでいう口座は、そんな親が作った子ども用の口座ではなく、子ども自身が自分で作る口座です。

口座を開設するには、当然ですが、まず銀行選びから始める必要があります。「どこの銀行で口座を作りたい？」とお子さんに聞いてみましょう。

選ぶ基準はさまざまですが、「出し入れのしやすさ」と「金利」がポイント。前者を考えれば家の近くに支店やATMがある銀行が候補になります。

また、オンライン銀行を選ぶという手もありますが、ネット上ですべてをすませるよりも、実際に銀行に足を運んで入出金などをする方が、子どもの経験にはプラスになります。オンラインでも窓口のある銀行を選ぶとよいでしょう。

後者については、今はどこも低金利なので大差はありませんが、それでも金利が0・001％と0・2％では、長期で見たときに違いが出てきます。

・毎月5000円×0・001％を10年間＝60万24円で24円の利息
・毎月5000円×0・2％を10年間＝60万4870円で4870円の利息

計算機を片手に、長い目で見るとどの程度の利息がつくのかを、子ども自身に考えさせましょう。

ただし、狙いは利息を得ることではなく、貯蓄を習慣化させることにあります。

中学生になると、お金についての理解度も高くなる一方、どうしてもほしいものが増えたり、また高額化していきます。

お金を貯める意識がなければ、おこづかいをあっという間に使い切ってしまうことでしょう。

それを防ぐとともに、本当にほしいものを買うために、いちから自分で作った口座が必要になるのです。

大人にとってはあたり前でも、この世代の子どもにとって、自分が作った口座は特別です。それだけで誇りや責任感が生まれますし、預金するたびに通帳に金額が更新されていく様子は楽しみで仕方がないもの。毎月コツコツ積み立てるクセもつくかもしれません。

そして何より、自分で選んだ銀行に口座を作り、自分のお金を貯めていく。この経験が、お金を大切に扱う下地になるのです。

投資を体験する

何度も書いてきましたが、投資にはリスクがあります。

また、家庭の事情やお子さんの性格、適正などは千差万別ですから、「何歳から投資を始めましょう」と一概に決めてしまうことはできません。

しかし、ひとつの目安として、中学生くらいから投資のリアルを経験しておくのはよいと思います。

もちろん、そこに至るまでには、ここまでご紹介した「就学前」「小学校」でやるべきことをクリアしているというのが大前提。さらに、親御さんやご家族がやらせてもいいと判断された場合に限ります。

それを踏まえたうえで、まずは無理のない範囲の金額（少額でいいです）を、個別株に投資させてみましょう。

その子にとって身近な商品やサービスから、その提供元や製造元を調べ、人気度なども踏まえて投資先を決めていきます。

1株当たりの株価を確認し、何株から買えるかも押さえるべきポイント。たいていは100株単位ですが、1株からや10株から買える証券会社もあるので、どの証券会社に口座を開くかも並行して考えましょう。

未成年口座は0歳から開設することが可能ですが、基本的に親権者も口座を開設していることが条件。口座の取引状況などを管理、把握できるよう、IDやパスワードについても親が管理をすることになります。

日本では、生前贈与として利用する方もいらっしゃいますが、その際は年間110万円までが非課税枠になるため、それを超えるか否かに気をつけましょう。

また、高校生や大学生になり、アルバイトで収入を得るようになった際は、このバイト代と運用益が所得税の枠を超えないようにするのもポイント。そのためにも、日ごろから運用益を気にかける習慣を養ってほしいと思います。

なお、口座を開設する際は一般口座と特定口座の選択ができます。このとき、あらかじめ〝源泉徴収ありの特定口座〟にしておけば、証券会社が譲渡損益を計算して所得税を源泉徴収してくれるので、細かい計算がおっくうな方には便利です。

以上、主なポイントを書きつらねてきましたが、まずは、投資を経験してみることが大切です。時には損をしてしまうこともありますが、そうしたリスクは体験してこそ身になります。前もって株価が下がることも見越して、生活に支障がない範囲を投資しましょう。

「小学生」の段階で、気になる企業の株価チャートをチェックするレッスンをご紹介しましたが、ここでは実際に自分のお金を投資します。

その重みは比較になりません。多感なお子さんにとっては、きっと世の中の見方がガラッと変わる貴重な経験となるはずです。

まずは最低でも10年間、同じ金額をコツコツと毎月積み立てることからスタートしましょう。欧米の友人たちの多くもコツコツと投資を重ね、途中経過をニコニコしながら確認していました。

もちろん、元本によりますが、ここで得た利益を使って親に旅行をプレゼントしたり、起業したりすることも可能になります。

それぞれの仕事の平均年収を知る

中学生になると、小学生のときよりも、将来の夢を現実的に考えるようになります。中には、具体的にその仕事について調べ始めるお子さんもいるかもしれません。

好きな分野で働くことは大切ですが、その分野はほかと比較してだいたいどのような収入が見込めるのかも知っておくと、子どもなりの知恵が生まれます。

主な業種の平均年収ならば、インターネットで「平均年収」と検索するだけで紹介サイトを見つけることができます。

子どものなりたい職業の平均年収が低かった場合、ほかの仕事を勧めたくなる親御さんもいるかと思いますが、ここはグッと我慢です。大切なのは、子どもが自分の将来の仕事を決めるための判断基準の中に、「お金」という項目を加えてあげることです。ムリにやめさせようとすると逆効果になってしまう危険もあるので、あくまで収入額を一緒に確認する程度にとどめましょう。

ちなみに、アメリカでは貧困から人々を救い出すため、1938年に最低賃金の制度が導入されました。しかし、それでもウエイターの最低賃金は2ドル13セント。20歳未満の若者に対しては、最初の3カ月は4ドル25セントしか払わなくてよいとされています。

その背景はブラック企業ばかりだから……というわけではなく、交渉文化が根づいているため。最低賃金は安いですが、従業員は自分の成果などを考えて適正な対価を得るために、自ら交渉することが当たり前になっているからです。

日本との風土の違いを感じてしまいますが、あらかじめ自分の職種の平均年収を知っていれば、必要以上に安い賃金で働かされるようなことも避けられます。

また、平均年収を入り口に、その職業の最低賃金と最高賃金、同世代の給料なども調べていくと、さらにその仕事に対する理解が深まるでしょう。

現代においては「災害などの有事に強い職業か？」も気になるところ。新型コロナウイルスの影響により、住宅ローンなど長期のローン返済を抱えている方は、みなさん不安を感じていますが、そんな中でも、昔から不況に強いとされてきた公務員は、新型コロナウイルスの影響下で、さらにその長所を裏づけました。

とはいえ、公務員一択で考えるのではなく、「どのような時代になっても生き延びられる職業はなにか？」を、お子さん自身が考えることこそが重要です。また、目指す職業が社会の変化に大きく左右される業種かもしれないのなら、その分、日ごろから有事に備えた貯蓄をしておこう、という考え方を提案するのも一案でしょう。

オイルショック、バブル、豊田商事事件、日航機墜落事故、バブル崩壊、地下鉄サリン事件、阪神・淡路大震災、アメリカ同時多発テロ事件、リーマンショック、東日本大震災、台風被害、そして新型コロナウイルスなど、否が応にも経済に影響を与える出来事は次々起こります。

なりたい職業を考えることは、未来の生活を考えること。ぜひ、お子さんとさまざまな観点で話し合ってみていただければと思います。

「汚名」「罰金」を知る

中学生になると、クレジットカードの存在が少しずつ身近になってきます。使わないとしても、耳にしたり目にする機会が多くなってくる時期です。

子どもたちにカードを作ってあげる前に、伝えておくべきことがあります。

それは「情報は残る」ということ。

以前、私の娘と同じ習いごとに通っていたお子さんが、ブラックカードを見せびらかしながら「これは自由に使っていいって言われてるの～！　いいでしょ」と自慢している姿を見たことがあります。そのうえ、彼女のママさんまでもが「うちの〇〇ちゃんは、このカードでマンションも買えるのよ～」と話していたからビックリ。もちろん冗談だとは思いますが、それを聞いていた周囲のママさんたちの目が点になっていたのを覚えています。

それは「うらやましい」ではなく「え？　大丈夫なの？」という驚きです。

万が一、払いきれないものを子どもが買ってしまい、予定日に引き落としができなかったらどうなるでしょう？

もちろん、金融機関のブラックリストに載ることになります。「お金を貸しても返せない人、返済が滞った人」という〝汚名〟が残ります。当然、このような情報が残ってしまうと、他の銀行でローンを組むといったこともままなりません。

また、罰金として手数料や利息も払うことになります。1万円を返せばよかったものが、1万50円、100円……と積み重なり、本来の返済額の倍になってしまうことだって十分に考えられます。

クレジットカードは便利だからこそ、危険性をしっかりと子どもに周知しておきましょう。

また、めったにいらっしゃらないとは思いますが、クレジットカードを「なんでも好きなだけ買えるカード」としてお子さんに渡してはいけません。

前出の危険性ももちろんですが、その子が我慢したり、自分でお金を貯めて買うという権利すらも奪う行為だからです。お子さんの貴重な成長の機会、どうかつまないであげてください。

ゲーム感覚でものの値段を考える

ご家庭での普段の食事も、お子さんとのコミュニケーションの場として大切ですが、外食にもさまざまな学びのチャンスが転がっています。

中でも一番のオススメは、食事代をあてるゲーム。特定のメニュー1品、もしくは家族で食べた食事や飲み物の値段を予想する遊びです。

欧米のお金持ちのご家庭ではあたり前におこなわれていますし、生涯投資家を宣言されている村上ファンドの村上世彰さんもご家族でやられているそうです。

ルールはご家庭ごとに自由に設定していただければと思うのですが、もし、メニュー表の金額を手で隠しながら注文するのが面倒だったり、難しい場合には、誰も注文しなかったメニューの値段をあてる、というかたちでも構いません。

どちらにしても、メニュー名や写真から使われている材料や手間を考えるのはもちろん、そのお店の立地、内装、雰囲気などもしっかりと加味する必要があります。

たとえば市販のコーヒーですが、セブンイレブンに行けば100円でコーヒーが飲めますが、スターバックスのコーヒーの値段はその3倍以上です。

では、スターバックスの方が飛び抜けておいしいかというと、セブンイレブンも決して負けてはいません。好みの違いはあれど、はっきりと優劣をつけるのは難しいのではないでしょうか。

しかし、セブンイレブンに比べて高額なスターバックスを愛好するお客さんは多いですよね。セルフサービスではなく店員さんが入れてくれたコーヒーを、ゆっくりくつろいで飲めますし、なんといっても有名店です。同店のコーヒーをテイクアウトし、片手に持ちながら出社するというのを一種のステータスに感じる方もいるかもしれません。それもお店の価値であり、セブンイレブンより3倍以上も高い値段をつけられる要因のひとつと言ってよいでしょう。

商品の値づけには、さまざまな事情が影響しています。

初級編はメニュー1品の値段、慣れてきたらセットメニュー、そして家族全員の食事代へとステップアップしていくことで、日ごろからさまざまな商品の値段を見て、その背景を想像できるようになります。

また、もし可能でしたら、何カ月かに1回でもよいので、普段よりも高級なお店で外食をしてみてください。

先ほどのセブンイレブンとスターバックスのコーヒーもそうですが、お店によって値段の相場がまったく違います。お子さんが「なぜこんなに違うんだろう?」という疑問を持ってくれれば、さらに値づけに興味がわくはずです。

また、もしもいくつかのご家族で集まって外食に行かれることがあったら、家族対抗での会計金額あてゲームに挑戦してみてください。自分たちの食事代だと、メニューを選ぶ際に値段を見てしまうおそれがあるので、お相手の家族のお会計をあて合うかたちでも構いません。

ご家庭同士で駆け引きをしつつディスカッションをしながら進めていくと、思ってもみなかった視点に気づいたりして、刺激的ですよ!

買い物の前に比べる習慣をつける

テレビ、雑誌、ラジオ、そしてインターネット……メディアを開けば、そこにはさまざまな宣伝があふれています。

ストレートな宣伝広告だけでなく、TwitterやYouTubeは、第三者による「この〇〇はこんなによかったよ！」という情報も多数。一見、ユーザーによるレポートのように見えても、実は企業から宣伝広告費が支払われていた……というケースもあるでしょう。

それが売り手側の宣伝文句なのか、はたまたリアルなユーザーの感想なのか、慎重に見極める必要があります。

小さな買い物であれば、売り文句につられて購入して失敗しても、チェッと舌打ちする程度ですみますが、それが大きな買い物だったらどうでしょう？

お金はものや価値と交換する道具。だからこそ、目的を持って使ってこそ意味があります。しかし、そこで使い方を間違えてしまっては元も子もありません。

情報があふれかえっている現代においては、〝比べる〟という能力も不可欠です。

そこでオススメしたいのが、プレゼントです。

本人や家族、そしてお友達の誕生日に買う品を、子どもと一緒に探してみましょう。

その際は、Amazonなどユーザーのレビューが表示される通販サイトを使ってください。

資金はいくらくらいで、買う品のジャンルはこれ（玩具、お菓子、化粧品、キッチン用具などなど）、という点は決めておいて、お子さんとご家族それぞれでサイトをチェック！ レビューを参考にしながら「これは！」と思う品を選んだら、今度はお互いにその商品を選んだ理由や長所を説明し合います。いわばプレゼンですね。

どちらの意見もイマイチだった場合は、値段設定やジャンルを変更して再チャレンジしましょう。

これは、答えを見つけ出すということより、さまざまな情報を自分なりに精査して、ひとつに決める経験をさせることを目的としています。

初めは通販サイトを1つにしぼって挑戦し、慣れてきたらサイトを増やして、サイトごとの値段設定の差なども意識させましょう。

また、さらに上級編としては、手数料や配送料にも注目。ネットで注文して届けてもらうのと、自分で店舗まで買いに行く交通費や時間も天秤にかけられるようになれば一人前です。

いくらお金を持っていても、買い物が下手では資産は目減りしていくばかり。欧米のお金持ちは、みなさん買い物上手でもあります。ぜひお子さんにも早いうちから、その訓練を施してあげてください。

「保険」について知る

家を買ったら、火災保険や地震保険に加入します。車を買ったら自動車保険に加入します。これは、未来に起こるかもしれないリスクから身を守るためですよね。

ひと昔前、人気サッカー選手のデビット・ベッカム選手の足と指に多額の保険がかけられている、と報じられたこともありましたが、欧米では、日本以上に保険を重視し、さまざまな損害に備えています。

そもそも、保険というシステムの起源は、紀元前の古代オリエント時代までさかのぼるといわれています。交易の際、災害や強盗による被害に備えるためのものだったようです。

その後、16世紀にはイギリスで病やケガに対する保険の原型が誕生しますが、日本にこれらが正式に伝わるのは、1867年、福沢諭吉の著書『西洋旅案内』を待たなければなりません。

今でこそ、日本でもさまざまな分野で活用されている保険システムですが、日本と欧米では、保険に親しんできたキャリアが大きく異なります。

投資が未来のメリットを育てる行為とすれば、保険は未来のデメリットに備える行為。どちらも早いうちから仕組みを学んでおいて損はありません。

まずは、お子さんに対し、ご家庭でどのような保険に入っているのかを教えてあげましょう。

学資保険だけでなく、お住まいの地域によっては自転車保険も義務化されていますから、加入されている場合はぜひ話してあげてください。

お子さん自身が、知らぬ間にどのような保険システムで守られているのか？　そして、そのためにご家族がどの程度の金額を支払っているのか？　自分のことだからこそ、関心もわいてくるはずです。

もし、めぼしい保険がないようでしたら、火災保険のようにご自宅についての保険でも構いません。

家がどのような事故や災害で被害を受けたときに助けてもらえるのか？　はたまた、どんなトラブルだと助けてもらえないのか？　意外と大人の方でも細かくチェックされていないケースがあるので、これを機に、お子さんと一緒に保険内容を確認してみてはいかがでしょうか。

インターネットで調べれば、保険についての解説は山ほど出てきますが、それはあくまで表面的な情報にすぎません。

お子さんが自分自身に関わりのあることだと感じてこそ、より真剣に学ぶことができるはずです。

インフレを見すえて外貨を買う

すべてのものの値段は時間とともに上がっていきます。

これをインフレと言いますが、今後、お子さんが自分の資産を守り、増やしていくためには絶対に知っておかなければならない現象です。

前にも書きましたが、１９６４年、東京オリンピック当時の大卒初任給は2万１２００円。同じく、当時の国鉄（現ＪＲ）の初乗り運賃は10円でした。現在が１４０円ですから、この50年強でお金の価値は10分の1になってしまった計算になります。

インフレといえば、「地上の楽園」と呼ばれたベネズエラで起こったハイパーインフレが話題になりました。石油埋蔵量は世界1位。ほんの5年前まで国内総生産（GDP）が1万2000ドルを超えていた国だったのに、たった1年で物価が10倍もはね上がり、インフレ率は4300%を記録。パン1個を買うのに、現金をひと箱分持っていかなければいけない事態に陥っています。

これほどではないものの、日本でもオイルショックの際には27・5%のインフレになりましたし、同様の変動はドイツやイギリスも経験しています。

最近では、新型コロナウイルスの蔓延によるマスクの高騰が記憶に新しいところでしょう。

お金の価値は常に変わっていますし、ハイパーインフレのような事態が決して起こらないとは言い切れません。

これから、おそらく私たちより長い時間を生きていくお子さんには、ぜひこのことを教えてあげてほしいのです。

そして、もし可能であれば、日本以外の国の通貨、特に米国通貨＝米ドルを買ってみる、という経験をさせてあげてください。

日本の円以外の通貨を持つことで視野も広がりますし、外国への興味もわいてきます。

また、購入する際は、2章でご紹介したドルコスト平均法のテクニックにもとずいて、少しずつ買っていくとよいでしょう。

高い低いにかかわらず、コツコツと買い続けていけば、短期的にドルの価値が急落しても、損失を軽減することができます（もちろん、あくまでお子さんの経験として、少額を1度だけという買い方でも構いません）。

このように、ご家庭の中でできる最善のインフレ対応策は、リスクを分散することです。

この知識を身につけることができれば、株や不動産など、その他の投資に挑戦するときにも役立ちます。

【高校生】

大学進学のための準備をスタートする

欧米、特にアメリカにおける教育の専門家たちの間では、大学のお金をすべて親が負担している家庭と、少しでも子どもが支払っている家庭とでは、評定平均に違いがあるといわれています。

その要因のひとつは、自腹を切っている分、子どもが自ら率先して学ぼうとする姿勢が表れるためと考えられます。

親に金銭的な余裕があるかどうかにかかわらず、大学や短大、専門学校などに進学する際にどのくらいの費用がかかるのかは、しっかりと子ども本人に理解させましょう。

そして、単に金額を見せるだけではなく、それをどのように支払っていくのかも話し合うことが大切です。学資保険や定期預金で、前もって準備をされてきたのであれば、ぜひそのお話もしてあげてください。

さらに、学費以外にもお金はかかりますよね。

この年になれば、自分が生きるうえでかかるさまざまな費用についても、知らせておく必要があります。

そして、自分が負担する分の学費をアルバイトをして補てんするのか、はたまた学業を優先するために貯金から払うのか？　本人に計画を立てさせましょう。

「お金の話をすると、子どもに精神的な負担を感じさせてしまうのではないか」と思う方もいるかもしれませんが、ここまでご説明してきたとおり、お金の話こそ家族で共有すべき重要な話題です。

もちろん、進学には多額の費用がかかるため、結局は親が大半を工面する、ということになるかもしれません。

しかし、それがどのくらいの額で、どうやって稼いだお金が支払われているのかを知っている子どもと知らない子どもでは、その後の意識に大きな違いが生まれますし、ひいては親への感謝の心もより強く芽生えるはずです。

税金の流れや仕組みをしっかり理解する

お金の教育には、税金の存在も欠かせません。

日本には消費税もあるため、子どもでも小さいころからその存在は知っていると思いますが、高校生であれば、さらに一歩踏み込んだ知識を持っておくべきです。

ただし、税金の種類や仕組みを一方的に説明されても頭には入りづらいですし、思春期真っただ中ですから、素直に聞いてくれるかもわかりませんよね。

そこで、ご家庭内でおこづかいに所得税をかけてみてはいかがでしょうか。

税率はあらかじめ話し合って決めていただきたいのですが、たとえば10%であれば、月のお小遣いが5000円だとすると、子どもは500円を親に支払うというルールです。

そして、その500円は子どもから受け取った税金として1カ所に保管しておき、例えば文房具や子ども部屋に飾る雑貨や家具、部活の用具など、必要なものを買う際の足しにする、というシステムです。

現実の税金も、警察や救急車、美術館に公園、ゴミ収集などなど、生活に必要なもののために役立てられています。

税金なんてなければいいのに……なんて思ってしまうことは大人にだってありますが、やはりなくてはならないシステムなのです。

カリフォルニア州では、「税金は安い方が良い！」ということで税金を安くする法律ができた結果、警察官を雇うことができなくなってしまったこともありました。

アメリカの国税庁に相当するアメリカ合衆国内国歳入庁の入り口には、こんな一文も刻まれています。

〝Taxes are what we pay for a civilized society.〟
「租税は文明社会の対価である」
ｂｙオリバー・ウェンデル・ホームズ

税金は社会のシステムを支える土台のようなものなのですね。

一方で、18世紀後半のアメリカ独立戦争は、母国イギリスがおこなった不当な課税への不満がきっかけになりました。

何も考えずに税金を払うのではなく、「それはいくらで、何のために支払うのか？」を理解していれば、いざというとき、余計な税金を支払わないように知恵を働かせることもできるようになります。

そのため、欧米のお金持ちで、税金に関心のない方は1人もいません。

子どもの一生を左右する信用スコアを学ぶ

中学生のページにて、汚名や罰金についてお話ししましたが、お子さんが高校生になったら、さらに踏み込んで、信用スコアについても教えてあげていただきたいと思います。

信用スコアとは、金融機関に記録されるお客さんそれぞれの信用度です。

欧米では、アパートの大家さんが店子の信用スコアを請求することはよくありますし、スコアに応じてお金を借りたときの利息が高くなることもあります。

一方、日本では欧米と違ってスコアが公開されておらず、それによって利息が変わることはありません。そして、「裏スコア」として金融機関内部の人しか見ることができません。

信用スコアは、

・請求書の支払い履歴
・借入限度額中の現在の借入額の割合
・クレジットカード利用年数
・借入の種類（学業〜クレジットカード）
・過去1年間の借入申込書の数

の5つの要素から算出されており、その情報は各金融機関に共有されます。

例えば、健康保険料やローンに未払いや延滞などがあったり、収入が不安定だったり、夫婦共有で住宅ローンを組むとしても、どちらかにリボ払いなどのクレジットカード使用履歴などがあったりすると、簡単にはお金を貸してもらえません。

子どもの信用スコアへの影響早見表

	スコアにプラスの影響	スコアを損なう恐れ	親のスコアにまで影響
デビットカード	なし	なし	なし
家族会員用クレジットカード	あり	ケースバイケース	あり
連帯保証人付きクレジットカード	あり	あり	あり
子ども名義のクレジットカード	あり	あり	なし

しかも、おそろしいことに、日本では自分の信用スコアを確認する方法がないのです。

若気の至りで信用に傷をつけてしまっていても、本当に必要なときにお金が借りられないことがわかって途方にくれるまで、自分の置かれた立場に気づくことすらできません。

ましてや、昨今の銀行は簡単にはお金を貸さない傾向にあるため、信用スコアが低下するのは致命的と言ってもいいでしょう。

恐怖感ばかりをあおってしまいましたが、逆にしっかり利用して、きちんと返済することを心掛けていけば、スコアは上昇していきます。

子どもにとっても一生に関わる重要なポイントですので、日ごろから、「クレジットカードなどを使っても期日までに全額を支払う」「身の丈に合わない買い物はしない」「お金は慎重に扱う」「個人情報を大切に」など、信用スコアの大切さを教えてあげてください。

手数料を知る

銀行の預金でも、証券会社を通じての投資でも、ついて回るものがあります。

それが「手数料」です。

コンビニや銀行でお金を振り込むと、通常、振込手数料がかかります。

宅配を定期的に頼む場合には「宅配手数料」がかかりますし、家を買うときに不動産屋さんに部屋を紹介してもらったら「仲介手数料」がかかります。

税務処理や各種申告を担当する税理士さんに支払われる「顧問費用」や「決算費用」、私たちのようなコンサルタントが受け取る「コンサルタント費用」なども、手数料の一種と言えるでしょう。

手数料はものの値段ではなく、手間をかけてくれた人へのお礼代と考えてもよいかもしれません。

ただし、「お礼」と書くと非常によいもののようにも聞こえますが、コストであることは間違いありません。

手数料分の価値を自覚しているのであればまったく問題はありませんが、金額が安いからと無意

識に手数料を支払っていると、積もり積もって大きな金額になってしまうこともあります。

銀行からのお金の出し入れなどにかかるちょっとした手数料も、立派なコストです。

お金は「貯める」場合にも、「使う」場合にも、手数料もふくめたコストを意識するよう、お子さんに教えてあげてください。

自己投資を考える

ここまで、早いうちからのお金の教育、そして投資を体験する必要性をご説明してきました。

しかし、投資の対象は、なにも株式や他国の通貨、債券だけではありません。自分自身への投資も大切です。

資産を育て、お金の束縛から自由になるためには、金融商品への投資がカギになるのは間違いありません。しかし、これらはすべて「自分ががんばったから株価が上がる・下がる」などというものではなく、その動向は他人任せです。大きく上がって資産が増えることも、一夜にして株券が紙

切れになってしまうことも、個人がコントロールするのはまず不可能です。

一方、自己投資だけは、自らの意思で手に入れるものの質や量を選択でき、さらに一度手に入れてしまえば、そうやすやすと失われることはありません。

「もしも財産を奪われたり、失ってしまっても、自分の経験や知恵は奪われない」

これは私が幼いころ、お金の教育を施してくれた祖父や、欧米、さらにはユダヤのお金持ちの方々から何度となく耳にした言葉です。

あなたに借金があったとして、手持ちのお金や銀行預金、不動産などの資産を取り立てられる可能性はあっても、あなたの知恵や経験を取り立てることはできません。

お子さんにはぜひ、このような〝奪われない資産〟を手に入れるための投資も提案してあげてください。

ただし、自己啓発などで多額のお金を払う必要はありません。

「おいしい料理が作れる」「きれいな文字が書ける」「特定のスポーツを誰かに指導できる」「外国語を話せる」「大人に負けない得意科目がある」……なんでもよいと思います。

学校や塾での勉強とは違う、自分なりの強みや好みを見つけられれば、それは大人になってからも、お子さんの人生を支える柱のひとつになってくれるはずです。

友人同士のお金の貸し借りの危険性を知る

「友だちとのお金の貸し借りをしてはいけません」

たいていの親御さんは、お子さんが親抜きで友だちと遊びに行くようになると、このような言いつけをしていると思います。

小学生くらいであれば、まだお父さんやお母さんの影響は大きいですし、そこまでお金がからんだ遊びをすることもないでしょう。

しかし高校生になると、両親との距離感が少し離れる一方、友だちとの人間関係は複雑になり、またお金のかかる遊び方を知り始める年代でもあります。

親に言えない秘密を相談し合える友だちも増え、家族からの自立心も芽生えてきます。

そんなとき、気の置けない友人から「お金を貸してほしい」と言われたら、その子はどうするでしょう?

貸してしまう可能性は十分にあるのではないでしょうか。

しかし、これをお読みになっている大人の方はおわかりだと思いますが、お金の貸し借りは、時に人間関係を壊す危険をはらんでいます。

ほんのジュース1本分の値段であっても、貸した方は忘れません。一方、安い金額であればあるほど、借りる側は軽く考えてしまい、忘れてしまうことだってあるでしょう。貸した側は金額が安いこともあって、返済を要求できず、もやもやした不信感だけがつのります。

最初は些細なイラ立ちだったとしても、友情に小さな亀裂が入ってしまうことは間違いありません。

金額が大きい場合はもちろんですが、どんなに安くても、友だち同士でのお金の貸し借りは危険であることを、あらためて話して聞かせましょう。

そしてまた、万が一借りてしまった場合は、親に相談してでも、その日のうちか、翌日には返すように教えましょう。

ここまでお金の教育を受けてきた子どもであれば、お金を長期間借りた場合、本来であれば利息を支払わなければならないことがわかると思います。

友人とのお金の貸し借りについて、あらためてここで釘を刺しておいてあげることが、一種のリスクマネジメントにもつながります。

保険料の一部を負担する

「中学生」のページにて、身近な保険について教えてあげてほしいと書きましたが、高校生のお子さんには、さらにワンランクアップ! 自分の保険料の一部を負担させましょう。

金額は毎月500円程度で構いません。

保険とひと口に言っても、学資保険や生命保険、医療保険、傷害保険など、種類はさまざまですが、必ず、お子さん自身にとって関係があるものを選ぶのがポイントです。

特に何も入っていないというご家庭もあるかもしれませんが、その場合は自転車保険に目を向けてみるのもよいでしょう。

ネットで安く、手軽に加入することもできますし、意外と車の保険に付加されているケースもあるので、知らぬ間に入っていた……という方もいらっしゃるかもしれません。

保障内容は商品によって多種多様ですが、自転車事故でのお子さん本人のケガだけでなく、相手をケガさせてしまったり、ものを壊してしまったときにも適用されるものが主流。毎月支払ってい

る保険料が、どのようなことから守ってくれるのか、お子さん自身が保険料の一部を負担することで、自分のこととして考えられるようになるはずです。

保険を考えるということは、未来に起こるかもしれないリスクをあらかじめ想像する、ということにつながります。

2013年に関西で、当時小学5年生の少年が乗る自転車が女性と衝突する、という痛ましい事故がありました。被害者の女性は事故の影響で意識不明、少年の母親に対して約9500万円の支払いが命じられたことは大きなニュースとして各メディアで取り上げられています。

このような場合、保険に入っていれば安心、という考え方もあるかもしれませんが、何よりもまず、このような事故を起こさないようにすることこそが大切です。どんなに気をつけていても、不慮の事故が起こってしまうことはあります。しかし、お子さん自身が起こるかもしれないリスクをきちんと知り、気をつけていれば、きっとその可能性を低くすることはできるはずです。

自分にとっての「正しさ」を人に押しつけない

「就学前」の段階から、誰かのために貯金をしたり、寄付をしたりすることを教えてあげてほしい、と書いてきました。

そのような教育を受けたお子さんであれば、高校生にもなれば自発的に寄付やボランティアをしているかもしれません。

それ自体はすばらしいのですが、ここであえて教えてあげてほしいことがあります。それは、寄付やボランティアを他人に強要してはいけない、ということ。

自分が正しいと思っている人ほど、どうしても他人を見る目が厳しくなってしまいます。

「なぜ寄付しないの?」「ボランティアなんてして当然」「困っている人を助けないなんておかしい」……決して間違ってはいないだけに、言われた側へのダメージは想像以上でしょう。

しかし、人の置かれている環境はそれぞれに違います。毎日顔を合わせている同級生だって、家庭の事情や経済状況まではわかりません。

同じ1000円でも、お金持ちにとってのそれと、裕福ではない家庭のそれでは重みがまったく違うことを、あらためて教えてあげましょう。

また、10代向けに貧しい国で「日本語を教える」「医療の手伝い」「勉強を教える」などのボランティアを企画するチャリティ組織は数多くあります。アメリカには特に多く、多額の料金を支払えば、すばらしい海外でのボランティア経験を得られると宣伝しています。

本来の社会奉仕活動とは、収益のほとんどが慈善目的に使われるものです。しかし、このような組織の中には、意識の高い若者をターゲットにツアービジネスを立ち上げ、そこで儲けを得ているものもあります。ひどいケースだと、子どもたちの一部は「サクラ」で、与えられる仕事も作りものということも……。

寄付やボランティアはよい文化ですが、高校生になったお子さんには、正しいからといって一方的に押しつけることの危険性や、一見よいことのように見えるものにも裏がある可能性があることを教えてあげてください。

名門大学＝一生安泰ではないことを知る

昔の日本であれば、有名大学出身者は官僚や有名企業の社員となり、エリートコースをまっすぐに突き進めました。年収が高いばかりか、毎年のように昇給があり、退職金もたくさん……そんな時代が確かにありました。

しかし、時代は大きく変わり始めています。日本の最高学府である東京大学出身者だからといって出世が保障されるわけではなく、むしろ色眼鏡で見られて働きづらさを感じたり、プライドが高すぎて敬遠されてしまう方もいるようです。

もしかしたら、このようなお話をすでにお子さんにされている方もいるかもしれません。

そのとき、お子さんはどんな顔をされるでしょうか？

目を輝かせながら、うんうんと聞いてくれるでしょうか。もしかしたら、話半分に流されてしまっているのではないでしょうか？

なぜなら、そんなことを言っても、日本の教育の大半はよい大学に入ることが目標となっており、その先には〝良い就職〟というゴールが垣間見えるからです。お子さんたちは、そんな現実を肌で感じているからこそ、「学歴がすべてじゃない」と頭ごなしに言われても、素直に受け入れることができないのです。

どんなに時代は変わり始めていると言っても、履歴書に書かれた学歴が採用に大きな影響を与える現実はいまだに残っています。

そんな環境を生きる子どもたちにしてあげられることはなんでしょうか？　私から親御さんやご家族に提案できるのは、学歴ではなく、成果主義をとっている企業の実例を教えてあげることです。

『転職会議』というウェブサイトが2019年10月24日に集計した「成果主義の会社ランキング」というものがあります。

上位陣を並べてみると、

1位　ユニクロ
2位　大東建託
3位　リクルートホールディングス
4位　ソフトバンク
5位　パン・パシフィック・インターナショナル

6位　大塚商会
7位　ソニー
8位　日本アイ・ビー・エム
9位　NFCホールディングス
10位　アクセンチュア
11位　青山商事
12位　楽天

となっており、誰もが知っている有名企業がずらり。

たとえば1位のユニクロ。ここは高卒でも中卒でも実力がすべてで出世する、超成果主義企業として知られています。「世界に通用するアパレル会社」を目指しており、性別も年齢も関係なく、結果を出せば新入社員でも3年で経営幹部になれます。「実力あるものが正しく評価される人事制度」を掲げており、そのシステムには他社も注目しています。

また、4位のソフトバンクは、「成果を上げた社員に報いる」というのを基本的ポリシーとしており、早ければ20代で管理職になることも可能です。

5位の量販店「ドン・キホーテ」などで知られるパン・パシフィック・インターナショナルは「全員が常に挑戦を続ける実力主義」というメッセージをHPに掲載。6カ月ごとに年収査定があり、課長で600万円と同業他社と比較しても年収が上がりやすいのが特徴です。

これだけ日本有数の大企業が成果主義を採用し始めているということは、次第に中小企業にも広がっていくことになるでしょう。

もしも、お子さんが〝よい大学〟に入れなかったとしても、いくらでも挽回のチャンスがある反面、「〝よい大学〟に入ることがゴール」と教えられて育った子どもにとっては、過酷な現実が待ち受けていることになります。

このことは、どんな学歴の子どもにも当てはまる問題です。ぜひお子さんにも教えてあげてください。

【番外編】

アルバイトの選び方を知る

高校生や大学生になると、アルバイトを始めるお子さんもいるでしょう。

子どもにとっては、アルバイトとはいえ、実社会に出るという貴重な体験。自分で稼いだお金は、「おこづかい」とはまったく違う重みを持ちます。

さらに、アルバイト先が将来目指している企業や業種であれば、ひと足早く仕事を覚えることにもつながります。中には、役員やキーマンから仕事ぶりを認められ、特別手当が出たり、就職活動のプラスになったというケースもあります。

将来やりたい仕事が決まっていない場合や、その職業に関連したアルバイトが見つからなかった場合は、どのような仕事でも必要になる「コミュニケーション力」を高められるアルバイトや、お金の流れを知ることができるアルバイトもオススメです。

前者にあたるのは、例えばグループセッションのお手伝いやオンラインセミナーのMC、大きな住宅展示場や新築マンションのモデルルームでのお手伝いでしょうか。

場の空気を読む力や、初対面の家族や子どもと接し、説明する経験が得られます。

また、空港の受付やスタッフになれば、たくさんの国の人々と接する機会を得やすいですし、スムーズな対応やコミュニケーション力も磨かれます。

また、少し特殊なアルバイトではありますが、テレビ番組のエキストラを経験してみるのも一案。私も少しだけ経験があるのですが、普段は見ることのない番組作りの裏側を垣間見ることができますし、大人のスタッフや俳優さんたちとうまくコミュニケーションをとる方法も学べます。

一方、お金の流れを知ることができるアルバイトでしたら、会計士や税理士のお手伝い、さらには企業の経理サポート、経理代行などもよいでしょう。

領収書の保管や入力などの事務作業から、売上と支出、税金、経費、人件費など会社のお金の流れを見ることができます。

それだけでなく経営者の確定申告を受け持つと、法人と個人の違いや、従業員にはお金を使わないのに役員ばかりにお金を使っている会社や、逆に社員への福利厚生を充実させている会社など、各社の内情や社長の思いまでも、お金の流れとともに感じることができます。

ただし、学生の本分はやはり勉強です。

生活のために必要であれば別ですが、余裕があるのであれば、アルバイトは夏休みなどの長期休暇の期間中だけにとどめて、学期中は学業に専念するのが無難です。

と言いつつ、私の息子はアメリカの大学に進みたい、という理由で、高校時代はその費用の一部をねん出するため、コンビニでのアルバイトを継続してやっていました。受験勉強も大変で、睡眠時間を削りながらの生活は、親としてハラハラしっぱなしだったのを覚えています。

そんな彼もアメリカの大学に進学し、有名IT経営者ともフランクに話ができる自由な環境のもとで学び、卒業後は大手証券会社へ。今は30代そこそこの年齢ですが、子どもとの時間を最優先にしたいとの思いから退職し、投資運用益で悠々自適な生活を送っています。

本人に高校時代の思い出を聞いても、夢があるので苦ではなかったと言いますから、やる気さえあれば、学業とアルバイトを並行してもよいと思います。親としては心配ですけどね……(苦笑)。

特別講義

6歳からできる投資シミュレーションゲーム

第2章の「リスクマネジメントってなに？」のページで、子どもに少額の取引を経験させることをオススメしました。

しかし、ご自身で投資を経験されていない親御さんにとっては、いきなりお子さんに投資をさせるのはハードルが高いですよね。

そこで提案したいのが、ご家庭で遊び感覚でできる投資のシミュレーションゲームです。

子どもに、まず1000円札を3枚渡します。もちろん、1000円札という設定があればよいので、実物の紙幣である必要はありま

□投資先その1 ➡ 車の会社
「くまさん自動車」

世界中で車は増えていますが、その分、ライバル会社もたくさん。最近のくまさん自動車はライバルたちとの競争に疲れてきており、働く人を少しずつ減らし始めています。

せん。

これが手持ちの資産になります。なお、これは投資用であり、3枚すべてを投資で使うのがルールです。

次に投資先です。以下の3つの会社がその対象です

そして次に、どんな世の中なのかのヒントも与えましょう。

□ヒント

世界中にウイルスが広まったため、家での自粛をするようになりました。

続いて、お子さんに投資先を選ばせます。

□投資先その2 ➡ ゲームの会社

「うさぎさんゲームス」

うさぎさんゲームスのゲームは大人気で、どのお家にもひとつはあるほど広まっています。また、日本だけでなく、世界中で売れています。

□投資先その3 ➡ お菓子の会社

「ねこさん製菓」

日本国内では、一番売れているお菓子の人気メーカーです。

□投資

3つの投資先のどこに、いくら投資するかを、子どもに選ばせます。ひとつの会社に3000円すべてでもよいですし、1000円ずつ分散しても構いません。

最後に、親御さんが3つの投資先の株価が今後どうなるか、そしてその理由を決めておきます。今回の場合は、投資先その2がもっとも値上がりします。

□答え

・株価1位　投資先その2：うさぎさんゲームス

世界的な自粛生活の中、ゲームを買う人が増えたため、株価も上がった。

・株価2位　投資先その1：くまさん自動車

自粛生活で車を買おうという人が減ってしまい、株価も停滞。しかし、世界中にお客さんがいるので、ねこさん製菓よりは売り上げが上がった。

・株価3位　投資先その3：ねこさん製菓

自粛生活でお菓子もたくさん売れました。しかし、同社は日本だけでの売り上げなので、世界中で販売しているうさぎさんゲームスやくまさん自動車には届きませんでした。

□結果

1位は投資額の倍を、2位は投資額そのままを、3位は投資額の半分を戻します。

会社の特徴と世の中の状況を踏まえて投資をおこない、その結果、自分の資産が増減するという経験をゲーム感覚で体験できます。

まずは、この投資の基本を理解することがゴールです。勝ち負けより「投資に参加した！」という思いや、「会社のことをもっと研究しなくちゃ！」という気持ちを湧かせることが大切です。

ちなみに、こちらは6～7歳向けの初歩的な例題になっていますので、慣れてきたらさまざまな会社、状況を新たに考えてみてくださいね。

第5章

お金教育が切り拓く子どもたちの未来

世界における日本の現在地を知る

子ども時代に感じた、欧米と日本のお金に対する向き合い方や教育、おこづかいのもらい方、お金の分け方、働かせ方などの違いが、両者の資産形成に約2倍もの開きを生んでいる元凶だと、私は確信しています。

これらは、大人になってから気がついても、手の打ちようがありません。

私がおこなっている個別コンサルティングの中でも、30代から50代の方々がよく口にするのが、「子ども時代に知りたかった」という言葉です。お金について、若いころから知っておくことがどれほど大切か、大人になるほど身に染みて感じられるものです。

日本には、技術力やアニメを代表とする文化芸術など、誇れるものがたくさんあります。しかし、一方で世界の大学ランキングでは、日本の大学は何位に入っているかご存じでしょうか。実は、20位以内に東京大学すら入っていません（世界大学評価機関の英国クアレリ・シモンズが2020年6月10日に発表）。

では、世界の株式はどうでしょう？　41位までに日本の企業はありません。42位にやっとトヨタ自動車が入ります（世界時価総額ランキング2020年5月末調べ）。

世界の価値ある銀行トップ500（Banking500ランキング）でも、2020年2月28日の時点で、トップ20位に日本の銀行はありません。最高位は22位の三井住友銀行（SMBC）です。

これらの順位が、すべてお金教育の不足によるものだと断言してしまうのは、乱暴かもしれません。しかし、ここまで本書を読んでくださった方であれば、一定の影響力があると感じていただけると思います。

日本の未来を切り拓き、世界にその存在を印象づけてくれるのは、もちろん次世代を担う子どもたちです。彼らがより豊かで、幸せな人生を送るためにも、お金のスキルを身につけさせてあげることがなによりも大事なのです。

世界に出ることがなぜ必要か？

私は本書を通じて、より多くの日本の子どもたちに、世界に出ていってほしいと思っています。

「世界は広い」「育った国によって考え方はまったく違う」「世界を意識しよう」……そんな話を聞いているだけでは、その本当の意味を理解するのは難しいものです。私自身、幼少期に欧米ですごした経験があったからこそ、違いを肌で感じ、さまざまな行動を起こすことができました。

日本も世界有数の経済大国なのだから、わざわざ海外に出て行かずとも、国内で十分じゃないか？　そう思う方もいらっしゃるかもしれません。

しかし、残念ながら世界は想像以上に緊密につながっています。アメリカを震源地とした2008年のリーマン・ショックしかり、中国で発生したとされる新型コロナウイルスしかり、国外での出来事が日本にも大きな影響を与えます。

さらに、株価をとってみても、日本の銘柄はアメリカやイギリスの影響を受けやすいといわれています。特にアメリカとの関係は重要で、同国が不況で輸出が減ると、国際的な大企業だけでなく、下請けの中小零細企業にまで多大なダメージが残り、当然株価も大きく下落します。「アメリカがくしゃみをすると日本が風邪をひく」という言葉もあるくらいです。

海外からの輸入に頼っている日本は、為替のちょっとした変動が、スーパーに並ぶ商品の値段にも直接影響を与えます。諸外国の状況やその関係が、1人1人の生活にも深く関わっているのです。

生鮮食品が突然値上がりしたり、勤めている会社の売上が下がったりしたとき、日本国内の視点しか持てない人は、ただただ目の前の状況を悲観したり、やり場のない怒りを抱えていることしかできません。しかし、世界を肌で感じ、視野を広げている人物であれば、その原因を分析できますし、それ以前に、そのような事態をあらかじめ予測し、備えておくこともできるはずです。

また、子どものうちから日本とは違う環境に身を置くことで、異なる考え方や生活様式を持った国が山ほどあることを、体験として知ることは、大人になるにつれて大きな財産になります。コミュニケーションの難しさと重要性を理解したり、自己主張の大切さを痛感したり、貧富の差を知ってボランティア活動の意味を知ることになったりと、多くの〝気づき〟を得られます。

人は、目標が高くなれば高くなるほど、そこに向けてがんばろうとします。さまざまなジャンルで世界レベルを知れば、おのずと目線が高くなり、そこに至るための工夫や努力に費やすエネルギーも増すことでしょう。

そしてもちろん、世界を知ることで、日本の価値に気づくことも十分予想できます。

真のデジタルネイティブとお金教育

今や産業の中心はＩＴとなり、世界は急速にデジタル化が進んでいます。

日本でも、世界から10年遅れるかたちで、２０２０年からプログラミングの授業が開始されました。今後はデジタルに疎いというだけで、活躍の場が大幅に減ってしまう時代に突入します。

しかし今、世界的に求められている人材がプログラミングのうまい人、というわけではありません。デジタルの仕組みや、さまざまなツールの特性を理解しながら、ビジョンを持って仕事をしていける人こそ、新時代のビジネスエリートになるはずです。

現代を生きる子どもたちは、生まれながらにパソコンやスマホが周囲にある、「デジタルネイティブ」などと呼ばれています。

しかし、当然ですが、どのようなデジタルツールに親しんでいるかで、習熟度は大きく変わってきます。例えば、スマホでアプリゲームばかりしているからといって、デジタルに強いとは言い難いですよね（苦笑）。

本書でご紹介しているお金の教育では、子どもが自ら銀行に口座を作ったり、投資を体験することを勧めています。

現在、キャッシュカードやデビットカードはデジタル化が進んでいますし、投資もパソコンやスマホからおこなうことが可能。つまり、お金の教育を実践している子どもは、自然とデジタルに強くなっていく、という利点があるのです。

世の中の動きを予測し、自宅にいながらワンタッチで目当ての企業に投資する。そんな大人顔負けの「真のデジタルネイティブ」にお子さんを育てることだって、夢ではありません。

世界レベルに育つ子どもの共通点

主人が元プロサッカー選手であることもあって、これまでにさまざまなサッカー選手を間近に見てきました。

中には、中田英寿選手のように日本を飛び出して世界に挑戦する選手も多くいましたが、その大半は、大人になってから海外へと渡っていきます。かつては「国内で実績を残し、それを持って世界へ」という流れが当たり前でしたよね。

しかし、ここ最近は、小学生のころから、海外で経験を積む選手が増えてきています。海外で経験を積み、たくさんのことを吸収して帰国したり、現地リーグに入団したり、少しずつではありますが、確実にそういった子どもが増えているのです。

そして、そのような子どもの中には、本書でご紹介しているようなお金の教育を受けている子が多くふくまれています。

ここまで読んでくださった方ならおわかりいただけると思いますが、お金の教育は、単に資産を増やすための勉強ではありません。それは世界を知ることであり、未来を見すえて計画を立てることであり、物事を考える力や、社会貢献にはげむやさしさをつちかう学びにもつながります。

これらを身につけた子どもは、世界をいたずらにおそれることなく、みずみずしい好奇心とモチベーションで日本を飛び出していくでしょう。

そして、もうひとつ、世界へ出ていく子どもたちに共通しているのが、よい指導者の存在です。夫の周辺を見てきて思うのが、選手が何か失敗すると「マラソン何周してこい！」と怒鳴るだけのコーチと、シンプルなドリブル練習の最中にも計算ゲームや競争をさせて、工夫しながら楽しく練習をさせているコーチがいること。その違いは明白ですよね。

日本では、残念ながら学校でお金の教育を受ける時間はほぼありません。教師もまた、そのような教育を受けて育っていない方が多いため、必要性を感じてもうまく伝えられないのが現状です。

では、その役割を果たすのは誰かと言えば、それは親御さんやご家族の方にほかなりません。ぜひ、お子さんが楽しみながら学べる環境作りや工夫を心がけてください。

そして、子育ての場は、親育ての場でもあります。お子さんにお金の教育をしながら、ぜひご自身も一緒に学んでほしいと思います。

親や家族に余裕が生まれると、子育てにも余裕が生まれます。親から愛される子どもたちを増やすためにも、まずは多くの大人が安心できる生活を送る必要があるのです。

お金の知識はその子の人生に深く関わってきます。ぜひ、ただの勉強の一環ではなく、ご家族で楽しく学んでいってください。

深刻な逆風をサバイバルする人材

2020年、世界中でまん延している新型コロナウイルスは、罹患率、死亡率ともに高く、大きな騒動となっています。自粛により生活に支障をきたす方も大変多く、また医療従事者の方々への負担は甚大なものです。

とある有識者の方が、著書の中で「これによって、世界的な経済の格差が縮まる」と書かれていましたが、私は反対だと感じます。

自粛期間が長引き、またいつ第2波、第3波が来るかわからない状況下では、オンライン授業の普及、リモートシステムの促進、通販の利用増などを考慮すると、米国のAmazon、マイクロソフト、Facebook、Googleなど、一部の大企業がさらに資産を増やしていくでしょう。
富裕層はプライベートジェットを利用し、離れた場所で安全に生活しています。ところが、スーパーや飲食店の店員さんなど、接客を仕事としている人たちは常に危険にさらされるのが現実です。アフリカの難民の方々は、狭い空間に大家族で暮らし、マスクもない状態。また、欧米でも病院へ行けない人たちが、ぎりぎりまで悩んだ挙げ句、危篤状態で運ばれてしまい、その家族も罹患する、という悲劇の連鎖が起こっています。仕事も失い、明日の食事にも困る人たちも世界的に増えました。

総括して考えると、格差はますます拡大しているように感じられます。

新型コロナウイルスにかぎらず、世界的な災厄は過去にも何度となく起こっています。そして、おそらくは今後も起こりうるでしょう。

それを正確に予測するのは、現代の科学ではまだ不可能ですが、常に備えておくことはできます。

お金の教育は、子どもが自らの人生をシミュレートし、未来へ備え、今すべきことを明確にしてくれます。そこには当然、災害などのリスクも織り込まれます。

欧米の富裕層の多くは、このようなお金の教育を受けています。そのため、目先のお金に固執することもありませんし、いざというときのために、日ごろから私財を蓄え、突然の災厄に強い人生設計をおこなっています。

もちろん、事態の深刻さによっては、備えが追いつかないケースもあるでしょう。しかし、実はこのような備えは有事の際ばかりではなく、日常においても効果を発揮します。

「いざというとき、なにかあっても、とりあえず○カ月は食べていける」

その安心感が心の余裕につながり、日々の暮らしを楽しくしてくれるのです。

魅力的なエリートはこうして育まれる

私は、幼少期から現在までに、たくさんのビジネスエリートに出会ってきました。

中でも欧米出身のエリートたちは、身だしなみがきちんとしているだけではなく、裏表がない人が多かったのが印象的でした。彼らは、相手の国籍や年齢、キャリアに関係なく、誰に対しても平等に笑顔で接します。

一方、お金持ちでも、エリートと呼ぶに値しない人は、自分の功績を自慢し、地位のある人に媚を売り、子どもの目から見ても尊敬できない人物として映りました。

また事実、そういった方は誰からも尊敬されず、信頼を失っていきます。

このような性格の違いは、多くの場合、子ども時代の生育環境が関係しています。

例えば、裕福な家庭に生まれ、それをあたり前に生きてきた子どもが、自分の家より貧しい家庭の子どもをいじめてしまう場合を例にとりましょう。

彼は深く考えもせず、自身の環境に甘え、両親や家族が築いた富や名声を勝手に自分のものと思い込み、自分を偉い存在だと勘違いしているのかもしれません。

しかし、お金の価値や、それがどのように我が家にもたらされているのかをちゃんと知っていれば、自分の手柄のように振る舞うことはできません。

おこづかいの渡し方ひとつをとっても、本書でご紹介したように交渉を経験していれば、それが誰から、どんな意図を持って渡されたお金かを理解できるので、ムダ遣いはもちろん、それをひけらかすようなことはしないはずです。

また、交渉には笑顔や人あたりのよさも大切です。前出のように、相手を見下すような態度を少しでも見せれば、当然、交渉もうまくいかなくなってしまうことは、お仕事をされている方であればみなさんおわかりになると思います。子どもとのおこづかい交渉も同様で、もしお子さんが不機嫌そうな顔で交渉に臨んだのなら、ぜひその点を指摘して、遠慮なく普段より悪い条件を提示してあげてください（笑）。そうした経験を積んだ子どもは、人とのコミュニケーションを大切にするようになるでしょう。

さらに、ご紹介しているとおり、募金やボランティアなど、社会貢献も大切なお金教育の一環です。お金の大切さを知るのと合わせて、「誰かのためにお金を使う」ことを学んだ子どもは、どんな大人に育ってくれるでしょうか。きっと、平然と他人を見下すような人物には、ならないはずです。

仕事を楽しむ人だけがたどり着ける境地

第2章の中で、「①Employee（従業員）」「②Self Employee（自営業）」「③Business owner（ビジネスオーナー）」「④Investor（投資家）」という4種類の働き方についてご紹介しました。

「どうやってお金を稼ぐか？」は重要なポイントですが、お金の教育を受けていないお子さんの大半は、①か②だけしか想像できません。親や家族など、身近な方がそうでないかぎり、③や④といった働き方があることすら知らないでしょう。

もちろん、③や④のような立場には、「なりたい！」と思ってすぐになれるものではありません。

しかし、選択肢が2種類あるのと4種類あるのとでは、視野の広さが違います。

私は幸運にも、幼少期から尊敬できる方々を間近で見て、接する機会を得てきました。大企業の役員さん、芸能界の方々、夜の銀座のママさんに投資で稼いだ億万長者、ロンドンのビリオネアなどなど……。中には、新入社員から努力して偉くなった方もいます。

そんな中でも印象的だった方がいます。

まだ私が若いころ、TSUTAYAもなく、パソコンも普及していない時代です。

人気レンタルレコード店「友&愛」の創業者の方と親交があった私は、「そこで働くアルバイト店長にすごい方がいる！」というのを聞いて、会わせていただいたことがあります。なんでも、お客さんがほしい曲を口ずさむだけで、お目あてのレコードを探し出してくれるというのです。さらに、すべてのLP（大きいサイズのレコード）に、その曲の特徴や魅力を書いた解説を貼って、お店の売上も伸ばした有名人でした。

お名前は、松浦勝人さん。

そう、今ではエイベックス株式会社の代表取締役会長を務めている、あの松浦さんの若かりしころです。

彼は、音楽が純粋に好きでそのアルバイトをしていて、好きだからこそ知識も豊富。人一倍詳しいからこそ、お客さんの鼻歌でレコードを探したり、解説文を作ることができて、それがお客さんに喜ばれる結果となりました。

このような出会いを経て私が思うのが、「仕事を楽しむ」ことが「人の役に立つ」ことにつながり、それが続くことで「自然とその人の評価が高まっていく」ということです。

お子さんにはぜひ、できるかぎりの選択肢を与えてあげてください。例えそれが、大人の目からは無意味に思えるようなことであっても、子どもの「好き」には、さまざまな可能性が秘められていることをわかってあげてほしいのです。

資産形成と子どもの人格形成は瓜ふたつ！

お客様の資産形成をお手伝いする際、私たちファイナンシャル・プランナーはその方に合わせたライフプランを作成します。目標を設定し、お子さんの教育費がかかる期間、住宅ローン、老後の時間に加え、旅行に行く時期、車を買う時期、リフォームの時期に子どもの結婚などなど、さまざまな節目を洗い出し、時系列で並べていきます。

漠然と未来を考えるよりも、こうすることで目標が具体的になり、いつまでに、いくらのお金が必要なのかがわかります。

このような資産形成と、子どもの性格形成は実は非常に似ています。

資産形成が、将来の目標を明確にすることで、今なにをすべきかを明らかにしてくれるのに対して、性格形成も、どんな子どもになってほしいかによって、今すべきことは大きく変わってきます。今の環境や教育が、将来の子どもの性格を築き上げていくのです。

アメリカでは就職の際、ごく一部の名門校を除けば、大学の名前よりもＧＰＡという成績の指標のほか、インターンシップやボランティアなどの経験が問われます。それは日本国内の外資系企業も同様で、学歴より実際の経験や活動を問う時代になっています。

また、イギリスの名門・ハーバード大学は、入試で高得点を取っただけでは合格にはならず、互いを刺激し合い、全体を成長させていく〝多様性〟を創り出すことが重視されます。そのために、「その子の中に輝くような個性や資質があるか？」という点を見極められるのです。

不況になると、お子さんの将来を思うあまり、公務員になってほしいと願う親御さんが多くいらっしゃいます。

もちろん、それは悪いことではないのですが、結果として、今子どもたちが夢中になっていることを軽視し、「そんなことして何になるの？」「将来の役に立たない」というように、切り捨ててしまってはいないでしょうか。何気なく発したひと言も、お子さんの中にはずっと残ります。

子どもが自分から興味を持って取り組んでいることがあれば、それについて理解が深まるような場所に連れていくなど、ぜひバックアップをしてあげてください。「みんなと一緒が安心」ではなく、その子らしさを引き出すことも大切です。

資産形成では、資産自体が計画を立ててくれることはありません。子どもの性格形成も同様で、お子さん自身に押しつけることはできません。ぜひ、ご両親やご家族のみなさんが、本書を参考に明確な目標を立て、お子さんとプランを共有していってください。

子どものうちから段階的にお金の教育をしていくことで、仕事や収入に対する意識も変わり、コミュニケーション能力が育ち、チャンスとリスクを見分ける術も身につけられて、たくましく現代社会を生き抜く、本当の意味でのエリートになれるでしょう。

あとがき

こんな言葉をご存じでしょうか。

「Time is money = 時は金なり」

「Money is power = 金は力なり」

「Power is freedom = 力は自由なり」

子どもたちが「お金を学ぶ」ことは、「お金に強くなる」ことを意味します。そして、それは将来、子どもが幸せになるために必要なパスポートを得たのと同じです。

子育ての時間はどのご家庭にも平等にあります。つまり、どう向き合うかは親次第。私の場合は、祖父母に育てられた貴重な幼少期の経験から、欧米では子どもたちがどのようにお金と向き合ってきたのか、その後どのような人生になっているのかを見てきました。

その結果、「お金の教育」を受けた子どもたちはお金のために必死に働くというよりも、楽しみながら成人となり、笑顔で子どもたちと向き合い、豊かな老後をすごすことができています。

本書の中にもあるとおり、おこづかいのもらい方・渡し方、目標設定のやり方やコミュニケーションのノウハウは決して企業で学ぶのではなく、家庭の中で育むものです。

私が幼いころの日本は、今よりもっと「お金の話を子どもがしてはいけない」「お金の話は下品」「お金儲けは悪！」……そんな世の中でした。

今でも預金が損をしないと考えていたり、タンス預金で満足していたりする光景が見受けられます。にも関わらず、「投資で失敗」「株で大損」「詐欺に多額のお金を持ち逃げされた」なんていう話も日常的に耳にします。

それはなぜでしょう？

家庭では、お金の話をしない。おこづかいを理由なく、学年ごとに上げて渡す。学校でもお金教育のカリキュラム化が進んでいない。そんな現状があるからではないかと感じます。

欧米のお金の専門家との交流の中で特に感じるのが、専門家に顧問料を支払い、資産形成をしてきたクライアントは、年収５００万円世帯でも65歳で1億円を貯めている、という現実です。

老後を待たなくても、資産の一部を引き出して起業したり家族旅行したり、早々にリタイアしたりと、自分で自由に人生を謳歌している姿が見受けられます。子どもの時期はお金教育に勤しみ、大人になったら知恵を活かすか、専門家に相談するのかを考えていただき、自由に人生を楽しむ彼ら・彼女らのようになってほしいと願います。人生は無限ではなく有限なのです。

現在、日本の人口は減少し、65歳以上の人たちは長生きになってきています。国の年金制度や企業に頼れる時代はとうの昔に終わっているのです。雇用も非正規雇用、働き方も成果主義になってきています。デジタル化も進み、キャッシュレスの波はますます広がっています。

一生お金に追われたり、お金のためだけに働き続けることを目標にしている人はいないと思います。子どもが明るく楽しく生活していくためにも、よい家庭生活を送らせてあげるためにも、「お金の教育」を楽しく学んでほしい、そんな思いから筆をとりました。

子どもは、ひとつの才能を持って生まれてくると言われています。そんな才能を開花させることができるか、はたまた枯らしてしまうのかは私たち親次第です。

子どもは親を選ぶことはできません。子どもたちの中には、親からの虐待で保護されたり、貧困や育児放棄から施設で育つ子どももいます。しかし、そんな子どもたちは、不思議と親を責める言葉を発しはしないのです。いつか迎えに来ると信じています。優しくしてもらった思い出や、幸せを感じたときの話を聞かせてくれたりします。

親を慕う子どもの気持ちを考えると、毎回、胸に熱いものがこみ上げてきます。

そしてまた、親にも子ども時代があり、何かしらの影響を受けて育っています。

本書の執筆の時期に、末期がんで入院中の母を亡くしました。享年79歳でした。約12年のリウマチ疾患と闘い、がんの告知を受けてからは緩和ケア病棟に入院。その後、コロナ禍の中、痛みと孤独に約4カ月間耐え、6月末に他界しました。

実を言えば、この本の中に出てきた祖母と、母との関係はよいものではありませんでした。幼いころ、母と祖母との関係が良好なものであったなら、もっと母の人生は違っていたと思います。頭がよく、優しさにあふれていてグチをこぼさない母は、我慢強い分ストレスや疲労を溜めていたのかもしれません。

しかし、貯められたお金の一部を、学生時代に親のために使うことができたのも、収入を得ながら母の介護に向き合えたのも皮肉なことに祖父母のもとで育つ中で受けた「お金の教育」のおかげでした。

もしも今、母の幼いころにタイムスリップすることができるのならば、この本のすべてを実行してあげたいと思います。

お金の教育は、単にお金持ちになるための教育ではなく、毎日を笑顔ですごすことができる、そんな幸せな日々を子どもたちに送ってもらうための学びです。

すべての子どもたちが、自分で考えて行動し、豊かな人生を歩める未来が訪れることを、心から願っています。

最後に、本の制作にたずさわってくれた文友舎の編集者・前田さん、イラストレーターさんやデザイナーさん、そして何より、この本を手に取り、最後まで読んでくださったあなたに、心からの感謝をお伝えしたいと思います。

子どもの視野が驚くほど広がる!
3歳から始める
欧米式お金の英才教育

令和2年11月20日　初版第1刷発行

著　者　川口幸子《かわぐちゆきこ》

イラスト　こちょれーと

写真提供　Alamy/アフロ

企画協力　松尾昭仁（ネクストサービス株式会社）

デザイン　カワグチ トモユキ（シンカ製作所）

校　正　ひよこ舎

発行人　加瀬弘忠
編集人　前田宗一郎
発行所　株式会社文友舎
〒102-0082
東京都千代田区一番町29-6
電話　編集部03-3222-3733
出版営業部03-6893-5052
www.bunyusha-p.com

印刷所　大日本印刷株式会社

ISBN 978-4-86703-801-7